서악마을
이야기

문화유산,
활용이
보존이다

서악마을
이야기

대담
진병길

글쓴이
양희송

목차

Chapter 1
서악마을의 어제

제1장 서악마을은 어떤 곳인가?

제2장 서악마을의 문화유산

Chapter 2

서악마을의 오늘

제3장

문화유산의 보존과 활용

제4장 서악마을 가꾸기 사업

Chapter 3

서악마을의 내일

제5장 주목받는 서악마을

제6장

미래를 향한 제안

부록

신라문화원 30년의 발자취

부록①

신라문화원 30년의 발자취

추천사 ①

최응천 문화재청장

경주 서악마을은 문화재청 문화재돌봄사업과 긴밀한 인연으로 이어져 있습니다. 특히 지역주민, 민간단체, 그리고 관이 상생협력으로 문화유산을 활용하여 지역을 활성화시킨 대표적 성공사례입니다. 지금 이와 같은 상생협력 사례가 중요한 이유는 문화유산의 양적증가에 따라 관리체계의 패러다임 전환이 시급하기 때문입니다. 문화유산 지정 건수는 증가하는 추세이나 이를 보존 · 관리하는 행정인력의 수는 턱없이 부족한 것이 현실입니다. 이와 같은 어려움을 극복한 좋은 사례가 경주 서악마을입니다. 특히 경주 서악마을은 민관의 상생협력이 문화유산의 보존관리에만 머무른 것이 아니라, 문화유산을 적극 활용하여 마을의 정체성을 확립하고 누구나 방문하고 싶은 아름다운 마을을 만들었다는 것에 큰 의미가 있습니다.

현재 문화재청은 개청 이래 가장 큰 변화인 국가유산 체제 전환을 앞두고 있습니다. 1962년 문화재보호법 제정 이래 60여 년 간 유지해 온 재화적 개념의 '문화재'에서 '국가유산'이라는 개념으로 전환함으로써 새로운 역할과 가치를 정립하고, 변화된 정책 환경과 유네스코 국제기준에 부합하도록 노력 중에 있습니다. 이러한 변화에 발맞추어 「국가유산기본법」을 지난 해 제정했고, '국가유산'이라는 개념 아래에 문화유산, 자연유산, 무형유산이라는 유형별 관리체계를 준비 중에 있으며, 오는 5월 17일 '문화재청'에서 '국가유산청'으로 새롭게 출범할 예정입니다.

국가유산청의 출범과 동시에 시행될 국가유산기본법은 제7조에서 "지역의 고유한 역사와 다양성을 존중하며, 다양한 공동체의 활성화와 지역 발전에 이바지할 것"을 명시하고 있습니다. 국가유산청이 그리는 미래는 국가유산이 지역주민께 불편을 주는 것이 아니라, 오히려 국가유산이 있어서 해당 지역이 문화적·경제적 혜택을 받을 수 있는 그런 세상이 되는 것입니다. 경주 서악마을은 국가유산 정책이 나아가야할 방향을 미리 제시했다는 점에서 더욱 특별합니다.

「서악마을 이야기」에는 쇠락한 마을을 방문하고 싶은 마을로 변화시키기 위해 그간 땀흘려 노력하신 서악마을 주민, 신라문화원, 그리고 사단법인 한국문화유산활용단체연합회 진병길 회장님의 헌신적인 이야기가 담겨져 있습니다. 저는 이 이야기가 널리 알려져 국가유산이 있는 다른 지역에서도 서악마을과 같이 아름답고 살기 좋은 지역으로 변화하는 사례가 나타나기를 희망합니다. 다시 한번 「서악마을 이야기」가 세상에 나올 수 있도록 열심히 노력해 주신 서악마을 주민, 신라문화원과 진병길 회장님께 감사와 격려의 말씀을 드립니다.

추천사 ②

주낙영 경주시장

「서악마을 이야기」의 뜻깊은 출간을 축하드립니다.

이 책에는 지난 14년 동안 서악마을을 민·관·기업이 뭉쳐서 힐링관광마을로 거듭나게 한 이야기가 담겨있어 매우 의미가 깊습니다. 신라 천년의 고도이자 대한민국을 대표하는 역사·문화1번지 경주의 아름다운 서악마을을 널리 알리게 되어 참으로 기쁘게 생각합니다.

서악마을은 신라시대 충절의 고장이자 호국의 고장으로 조선시대에 이르러서는 유학의 중심지이자 주자성리학의 전통을 계승해 온 유서 깊은 곳입니다. 그리고 신라 사람들이 신성하게 여긴 선도산과 태종무열왕릉, 진흥왕릉 등 수십 기의 고분들이 위치하고 있고, 마애여래삼존불, 삼층석탑 그리고 서악서원과 도봉서원이 있는 선조들의 숭고한 정신과 숨결이 그대로 느껴지는 전통 문화유산 속의 평화로운 마을입니다.

문화유산이 많다는 것은 현재를 살아가는 우리들에게는 매우 큰 자산이지만, 그 마을에서 살아가는 주민들은 문화유산의 보존·관리를 위해 많은 불편을 감수해야 하는 현실이 있습니다. 지속 가능한 문화유산의 보존과 전승, 향유, 그리고 안전하고 선진적인 문화유산 관리가 꼭 필요하기 때문이지요.

「서악마을이야기」를 보면 문화유산을 중심에 두고 민·관·기업이 서로 소통하여 담장 낮추기, 지붕 수리, 일부지만 전선 지중화, 문화유산 주변 정비 등을 통해 차근차근 마을을 가꾸었음을 볼 수 있습니다. 더불어 문화유산과 자연을 활용한 구절초 축제, 고택 음악회, 서원 활용사업 등을 통해 주민들과 관광객이 직접 참여하고 즐기는 로컬 관광의 진수를 보여주고 있습니다. 그야말로 전통과 현대가 적절하게 어우러지는 관광 트렌드의 중심에 자연스럽게 스며들었다고 생각되며 지역 주민들이 잘 살고 행복한 마을은 주민 스스로가 만들고 가꾸어 가야함을 보여주는 사례라고 생각합니다.

우리 시는 고분군 및 탐방로 정비, 제례 공간 정비사업, 공용주차장 조성, 도시가스 공급, 공중화장실 건립, 방범CCTV 설치 등을 통해 문화유산의 안전한 보존·관리와 동시에 주민 편의사업을 적극 추진하였습니다. 또한, 국가유산 활용사업 등을 통해 문화유산 활성화와 전통 문화유산의 보존과 활용을 균형있게 추진하여 주민들의 삶의 질 향상에 힘써 왔으며, 앞으로도 관광객 유치와 주민 밀착 지역 맞춤형 친화사업을 적극 추진하겠습니다.

「서악마을 이야기」발간을 다시 한 번 더 축하드립니다.

주민들과 함께 서악마을의 과거와 현재가 어우러질 수 있도록 정성을 다 하고 그 모든 과정을 책을 통해 알려준 진병길 원장님을 비롯해 출간을 위해 참여한 모든 분들께 고마움을 전합니다. 많은 분들의 관심과 응원이 이어져 마을 주민들이 행복하기를 바라고, 문화유산이 더욱 빛나는 서악마을로 발전하기를 기원합니다.

문화유산,
활용이 보존이다

진병길 신라문화원 원장/
한국문화유산활용단체연합회 회장

서악마을은 경주 서쪽 편에 길게 흐르고 있는 형산강 건너편에 있는 조용한 동네입니다. 그 동안은 삼국통일을 이룬 태종무열왕의 왕릉이 가운데 있어서 흔히 '무열왕릉' 동네라고 알려져 있던 곳입니다. 경주를 조금 더 아는 분들은 동네 뒤편의 선도산에 얽힌 성모설화나 김춘추와 김유신의 여동생 보희와 문희의 이야기를 떠올릴 수 있는 곳이기도 합니다. 아직 많은 분들이 알지는 못하지만 서악마을에는 더 많은 문화유산이 있습니다. 마을 뒤편에는 신라왕경의 서쪽을 방어하던 선도산성이 있고, 선도산 정상에는 서악동 마애여래삼존불, 마을 뒤편에는 서악동 삼층석탑, 서악동 고분군과 선도산 고분군이 있고, 마을 안에는 서악서원과 도봉서당이 있습니다.

서악마을 역시 문화유산의 보존과 활용이란 난제를 쉽게 풀지 못하고 오랜 세월을 보내왔습니다. 경주의 여러 마을은 문화재보호구

역으로 지정되어 있어서 다양한 종류의 규제에 묶여 있습니다. 문화재를 보호하고, 잘 보존하자는 취지이지만 시민들에게는 불편을 초래하는 결과로 다가오기 십상입니다. 그러다 보니 주민들 입장에서는 문화재는 가능하면 손 대지 않고, 거리를 두고 보게 되고, 여행자들은 어디를 가도 비슷하게 단조롭고 방치된 듯하다는 인상을 받곤 합니다. 그런데 이런 서악마을에 수년 전부터 사람들이 모여들기 시작했습니다. 2010년 신라문화원이 서악서원 고택숙박 체험 프로그램을 시작하고, 서악마을의 문화재와 그 주변을 정비하고, 마을의 역사 이야기와 문화재 활용을 위해 여러가지 노력을 시도한 때문이라고 감히 자부합니다. 서악마을은 문화재가 있어서 규제와 불편함이 일상적이던 마을이 아니라, 오히려 문화재가 있어 쾌적하고 아름다운 살기 좋은 마을로 변화하였습니다.

이 책은 지난 14년간 서악마을의 변천사를 돌아보는 책입니다. 저희들이 어떤 노력을 기울여왔는지 세세하게 소개하겠습니다. 이 사업의 전과 후의 변화는 이 책을 통해 충분히 설명되리라 생각합니다. 그 과정에서 서악마을 주민들은 어떻게 협력해 주셨는지, 기업과 관은 어떻게 적시에 재정과 정책적 지원을 해주었는지, 변화에 대해 전문가들과 대중들은 어떻게 평가하고 호응해주었는지를 다 담아보았습니다. 관련 분야에 계신 분들께도 이런 변화의 과정과 결과를 담은 기록이 크게 의미가 있고 많은 도움이 되리라 기대합니다.

문화유산을 대하는 우리의 태도는 크게 두 가지로 갈라집니다. 하나는 '보존'에 치중하는 쪽입니다. 경주처럼 수많은 유물과 유적이 있는 곳이 없습니다. 잘 발굴하고, 보존하는 것 만도 엄청나게 큰 일입니다. 자칫하면 수천 년을 이어온 소중한 문화유산이 훼손되거나 영영 파괴되어 버릴 수 있기 때문입니다. 그러나 이렇게만 접근해서는 사람들에게 끊임없이 규제와 제한을 요구하게 되기 쉽습니다. 문화유산이란 가까이하기엔 너무 먼 딴 세상의 가치인 것처럼 여기기 쉽습니다. 다른 하나는 '활용'에 중점을 두는 쪽인데, 자칫하면 너무 상업적인 이해관계에 좌우되기 쉽습니다. 관광산업의 논리가 너무 앞서면 문화유산의 진정한 가치보다는 그것을 통해 돈을 벌고자 하는 욕심으로 온갖 갈등과 문제를 만들어낼 수 있습니다. 저는 경주의 역사와 문화유산을 가꾸고 돌보는 일이 너무 중요하고 가치 있는 일이라 생각해서 신라문화원을 창립해서 31년째 이르고 있습니다. 보존과 활용을 대립적으로 두지 않고 조화를 이룰 방안을 찾는 것이 가장 큰 숙제였습니다. 저희는 '활용이 보존이다'라는 철학을 갖고 이 일에 임하고 있습니다. 이 말이 간단한 말이 아닌 것을 잘 알고 있습니다. 서악마을에서 저희들은 문화유산을 잘 활용할 방법을 찾는 것이 가장 좋은 보존의 방법이 될 수 있다는 소신을 갖고 엄청나게 노력했습니다. 저희들이 한 것이 유일한 해법이거나 최선의 대안은 아닐 수 있습니다. 그러나, 정부와 학계 등 해당 분야에서 여러 전문가들이 저희의 작업을 중요한 성과로 인정해주시는 것을 보면서 그간 저희가 일해온 과정과 고민을 잘 정리해서 좀 더 널리 나누면 좋겠다는 바람을 갖게 되었습니다.

 신라문화원과 산하단체인 경북남부 문화재돌봄사업단은 2010년부터 서악마을의 문화재를 잘 활용해보자는 취지로 사업을 시작했고, 2011년부터는 문화재 모니터링과 일상관리 사업을, 2014년부터는 경미수리 사업까지 확장해서 문화재돌봄사업을 수행하고 있습니다. 신라문화원은 그러면서 거기서 조금 더 나아가 문화재 주변 마을의 경관과 환경을 개선하는 사업을 시도해 보았습니다. 문화재청과 경상북도, 경주시 등과 협력하여 문화재 주변의 쓰레기와 잡초, 잡목을 제거하고, 민간기업의 후원을 받아 폐건물을 철거하고, 담장을 낮추고, 어지러운 전봇대와 전선 일부를 지하로 없애고, 지붕과 담장을 산뜻하게 색칠하고, 마을 전체의 분위기가 문화재와 조화를 이루도록 환경을 개선하는 작업을 해 나갔습니다. '서악마을 가꾸기' 사업은 2017년에서 2018년까지 KT&G가 지원을 함으로써 천군만마와 같은 큰 도움을 얻었습니다.

 오늘날의 서악마을은 예전과는 다르게 거주하러 들어오는 주민들이 늘어나고 있고, 관광객들의 숫자도 매우 크게 늘었고, 사철 다양한 프로그램으로 활기찬 분위기를 띠고 있습니다. 역사도시 경주의 새로운 명소로 자리매김하고 있습니다. 서악마을은 최초 구상안의 1차 단계가 80% 정도 완료된 것 같습니다. 현재까지 진행된 사업은 상시적이고 지속적인 사후 관리로 유지를 해야 하는 과제가 있습니다. 서악마을은 문화재로 인해 불편하고 피해 보는 마을이 아니라, 문화재로 인해 혜택을 누리는 마을이 되었습니다. 이런 사례를 통해 '문화재 보존 시대'에서 '문화재 활용 시대'로 변해가는 문화정책의 방향제시에 유익한 시사점이 되었으면 합니다. 문화재를 자원으로 활용하여 지역 경제와 문화를 키울 때, 이것이 지역 주민의 삶과 밀접하게 관련될 수 있도록 노력하는 다양한 시도를 서악마을의 사례에서 영감을 받았으면 합니다.

이 책이 나오는데 도움을 준 많은 분들께 감사를 드립니다. 귀한 추천사를 써 주신 문화재청장님과 경주시장님께 감사를 드립니다. 문화체육관광부와 문화재청, 경상북도, 경주시 등과 소통하며 정책적인 도움을 받은 것은 늘 고맙게 생각합니다. KT&G의 사회공헌 사업은 저희들에게 말할 수 없이 큰 힘이 되어주었습니다. 무엇보다 마을의 변화를 긍정적으로 받아들여주고, 대화와 협력으로 함께 해 준 서악마을 주민들께 감사의 마음을 전합니다. 저희들의 사업이 도움을 주신 모든 분들께도 보람 있는 사업이 되었기를 기대합니다. 그간 서악마을을 다녀가고 신라문화원의 활동에 여러 모양으로 조언을 해 주신 언론, 관광정책, 문화정책, 도시재생 등 다양한 분야의 전문가들과 관심자들에게도 감사를 드립니다. 원고 작성과 출판 과정에 큰 역할을 해주신 양희송 작가에게 감사를 드립니다. 이 책을 통해 독자들이 서악마을을 더 깊이 이해하게 되어서 더 많이 찾아주기를 기대하고, 이 마을의 지속가능한 발전을 함께 고민하는 소중한 시간이 되기를 기대합니다. 문화재 보존과 활용의 현대적 패러다임을 고민하는 이들에게 '문화재가 있는 마을', '스스로 문화재가 된 마을'로 서악마을을 소개합니다. 지역사회와 문화재 보존을 사랑하는 이들에게 유용한 참고 자료이자 창조적 혁신의 근거로 활용되기를 희망합니다.

2024년 3월
서악마을에서 진병길

Chapter 1

서악마을의 어제

서악마을은
어떤 곳인가?

서악마을

경주 고속버스 터미널과 시외버스 터미널 앞으로는 형산강이 흐른다. 그 강을 가로지르는 다리를 건너자마자 왼편으로 난 길로 접어들면 좌우로 시원하게 논이 펼쳐진 넓은 평야가 나온다. 버스 터미널에서 걸어서도 20여분 정도면 가 닿을 수 있는 거리에 만나는 첫 동네가 서악마을이다. 예전에는 그 길이 서악을 지나 소태고개를 넘어 건천, 아화, 영천을 지나 대구까지 갈 수 있는 경주-대구 간의 주 도로였다. 일제시대에 처음 생긴 기차길도 서악을 지나 시내로 진입을 하도록 개설되었다. 지금도 오래된 기차길이 있던 자리가 강변 옆 언덕에 남아 있다.

관광객들에게는 태종무열왕릉이 있는 동네로 잘 알려져 있다. 배후에 총 4기의 능이 줄지어 있는 태종무열왕릉 쪽과 찻길 건너편에 있는 김인문과 김양의 묘까지 묶어서 '서악동 고분군'이라고 부른다. 그 고분군 뒤편으로 진흥, 진지, 문성, 헌안 등4-5기의 왕릉이 있다고 알려진 '선도산 고분군'이 있고, 그 바로 옆 언덕에는 아직 잘 알려지지 않은 미지정 고분 20여 기가 있다. 이 고분군을 다 품어 안고 든든히 버티고 있는 380m 높이의 산이 선도산(仙桃山)이다. 서악(西岳)이란 신라의 수도에서 보아 서쪽편의 돌산이란 뜻으로 생긴 이름으로, 선도산을 중심으로 한 오래된 마을을 지칭한다.

선도산에서 형산강 쪽을 바라보며 무열왕릉의 오른편에 인접한 곳이 능너머마을로 50여 가구가 살고 있다. 도로 건너편으로 형산강 쪽 평지는 장매마을로 최근 새로 입주해서 집을 짓고 사는 이들이 늘어나고 있는데, 50여 가구쯤 된다. 무열왕릉의 좌측 동네, 그러니까 도봉서당, 서악서원 등이 있는 곳이 샛골마을로 80여 가구가 살고 있고, 이 책에서 다루는 대부분의 이야기가 펼쳐지는 공간이다. 더 왼쪽으로 가면 지금은 농기구대여 사업소로 사용되는 예전 경주초등학교 건물부터 100여 가구가 사는 큰마을이 시작된다.

샛골마을을 중심으로 하는 서악마을은 멀리서 봐도 고분군과 잘 가꾸어진 조경으로 마을 전체가 한눈에 잘 들어오는 양지바른 동네가 되어 있다. 새롭게 살러 들어오는 이들이 조금씩 생기고 있고, 관광객들을 위한 카페와 서점, 한옥 펜션이 여러 곳 운영되고 있다. 마을에서는 계절마다 다양한 행사가 열리는데, 서원과 서당을 활용한 고택 숙박, 국악과 클래식을 넘나드는 고택 음악 콘서트, 삼층석탑을 중심으로 한 언덕에서는 작약 음악회(5월), 구절초 음악회(10월)가 열리고, 잘 다듬어진 능 주변에서 쉬면서 자신을 성찰하는 한달살기 등으로 사람들이 찾아오고 있다. 이렇게 서악마을은 문화재가 있어 살기 좋은 마을이 되어 있다.

서악마을 이야기는 먼저 마을의 뒤편에 든든히 자리잡고 있는 선도산부터 시작하는 것이 좋겠다. 선도산은 신라 수도의 중심부에서 볼 때 서쪽 편, 형산강 넘어 눈에 띄게 자리잡고 있는 돌산이다. 이산은 신라인에게는 중요한 종교적 장소이기도 했다. 오래된 불상과 절터가 남아 있기도 하지만 가장 오래된 전설은 선도성모 설화다.

〈삼국유사〉에는 중국황제의 딸 사소(혹은 파소)가 북방에서 솔개를 따라 선도산으로 와서 신라의 시조인 박혁거세를 낳아 키웠다는 설화가 기록되어 있다. 이를 통해 당시 사람들이 박혁거세를 모계 혈통이 북방에서 도래한 신성한 존재로 여겼다는 해석을 한다. 박혁거세와 관련해서 널리 알려진 '알에서 태어난 아이' 이야기는 〈삼국사기〉에 기록되어 있는데, 하늘에서 내려온 말이 낳은 알에서 박혁거세가 태어나자 서라벌 6부촌의 촌장들이 그를 왕으로 추대해서 신라를 건국했다는 내용이다. 이것은 신라 건국의 정당성과 위엄을 강조하기 위한 측면이 강하고, 알에서 태어났다는 내용은 그가 하늘에서 내려온 신성한 존재란 점을 강조하려는 목적이 있다고 해석할 수 있다.

고대의 선도성모설화나 난생설화를 액면 그대로 다 받아들이지 않더라도, 선도산 일대가 신라 건국시기부터 정치 종교적으로 중요한 지역이었다는 점은 인정하기 어렵지 않을 것이다. 선도산 일대에 남아있는 서형산성의 흔적이나 태종무열왕릉을 비롯한 다수의 대형 고분들로 미루어 볼 때, 선도산은 신라 도성의 서쪽을 방어하는 군

사적 요충지이면서 동시에 신라 왕실의 능역으로 여겨진 상징성 강한 공간이었음을 알 수 있다.

선도산은 신라시대의 여러 설화에 배경으로 종종 등장하는데, 그중 가장 유명한 것이 김유신의 여동생인 보희와 문희의 꿈 이야기일 것이다. 〈삼국유사〉에 기록된 이 설화는, 김유신의 누이인 보희가 꿈에 선도산에 올라 오줌을 누었는데 홍수가 나서 서라벌이 다물에 잠기더라는 내용이다. 꿈에서 깬 보희는 동생인 문희에게 이내용을 이야기했는데, 문희는 그 꿈이 예사롭지 않음을 눈치채고 언니에게 비단치마를 주고 꿈을 사버렸다. 얼마 후 김유신은 김춘추와 함께 공을 차다가 일부러 김춘추의 옷을 밟아 옷고름을 떨어뜨리게 된다. 그는 자기 집으로 가서 옷을 꿰매자고 김춘추를 데려오는데, 보희에게 옷 꿰매는 것을 시켰으나 보희가 '어찌 하찮은 일로 귀공자와 가까이 하겠는가' 며 거절하자 동생인 문희에게 시키게 되었다. 이 일로 김춘추는 문희와 가까이 지내면서 왕래가 잦아졌고, 얼마 지나지 않아 아이를 갖게 되었다. 김유신은 여동생이 아비를 알 수 없는 아이를 가졌다며 노발대발하였는데, 선덕여왕이 남산에 행차하는 날 일부러 마당에 불을 피워 연기를 올려 여동생을 태워 죽이려는 시늉을 했다. 멀리서 연기를 보고 선덕여왕이 신하에게 경위를 알아보라고 시켜서 자초지종을 알게 되자 동행하였던 김춘추가 어쩔 줄 몰라 자신 때문이라고 이실직고하게 된다. 이에 선덕여왕은 빨리 가서 여인을 구하라고 재촉하여 김춘추가 달려가 김유신을 말리고 그의 여동생 문희와 결혼을 하게 되었다는 이야기이다. 김춘추는 얼마 후 신라 29대 태종무열왕이 되었고, 비단치마를 주고 보희의 꿈을 산 문희는 신라의 왕후(문명왕후)가 되었다.

보희 설화는 신라시대의 역사적 사실과 정황을 기반으로 하는 설화이다. 당시 신라는 골품제 사회였는데, 김유신은 귀족이긴 했으나 가야 출신 아버지를 둔 집안으로 신분상 일정한 제약이 있었다. 이런 상황을 타개하기 위해 김유신은 자기 여동생을 차기 권력자로 유력한 김춘추와 결혼시키려 했던 것이다. 김유신과 그의 집안은 이를 통해 신라 왕족으로 편입되어 신라 사회의 주류에 들어가게 된다. 그는 이미 혼인을 한 상태였던 김춘추와 여동생을 결혼을 시키려면 선덕여왕의 개입이 필요하다고 판단하고, 의도적으로 이런 상황을 연출한 것으로 볼 수 있다. 정치적 야심이 깔린 기획이었지만 이런 정략결혼의 결과로 김유신은 김춘추와 일종의 혼인동맹을 맺고 깊이 결합하여 신라 귀족 사회의 핵심 권력을 장악하였다. 이는 신라와 가야가 깊이 결속할 수 있는 계기가 되었고, 이를 통해 삼국 중 최약체였던 신라는 삼국통일을 이룰 수 있는 강력한 내부 체제를 형성할 수 있었다. 보희 설화는 이런 역사적 정황을 흥미로운 이야기로 풀어내고 있다. 서악마을은 탑과 고분만 아니라 신라의 중요한 인물과 연관된 이야기가 서려 있는 유서 깊은 공간이다.

서악마을 전경.
왼쪽 아래부터 김인문 묘, 김양 묘, 태종무열왕릉,
그리고 그 뒤로 4기의 서악동 고분군 왕릉.
왕릉의 오른편이 샛골마을, 왼편이 능넘마을.

서악마을의 문화유산

선도산 일대

마애여래삼존입상

380m 높이의 선도산 정상 바로 아래에는 작은 암자가 있는데, 거기에 대한민국 보물 제62호인 서악동 마애여래삼존입상이 있다. 7세기 중엽에 제작된 통일신라시대의 불상조각으로, 이 마애삼존불은 서방 극락세계를 다스리는 아미타여래를 중심으로, 중생을 구제하는 관세음보살과 중생의 어리석음을 깨우치는 대세지보살이 좌우에 각각 자리하고 있다. 본존불인 아미타여래 입상의 머리는 완전히 파손되었지만, 현재 남아 있는 뺨, 턱, 입 부분만으로도 여전히 전체 얼굴의 자비로운 모습을 상상해 볼 수 있을 정도이다. 신체는 거의 양감이 없는 원통형으로 표현되었으며, 넓은 어깨에서부터 내려오는 웅장한 체구는 힘과 위엄이 넘치는 멋진 모습을 보여준다.

본존불 좌우에는 협시보살이 각각 자리하고 있는데, 이는 인근 계곡에 조각나 방치되어 있던 것을 복원한 것이다. 좌측 관음보살상은 4개의 조각으로 나누어져 있는데, 머리 부분은 화불이 조각된 삼산보관을 쓴 상태로 목까지 보존되어 있다. 우측 대세지보살상은 5개의 조각으로 파손되어, 현재는 왼쪽 팔 부분이 분리되어 떨어져 나간 상태이다. 본존불의 높이는 7m이며, 관음보살상과 대세지보살상은 각각 4.55m와 4.62m의 높이를 가지고 있다. 마애여래삼존입상은 풍상에 새겨진 모습이 상당 부분 손상되어 있고 균열도 심각하지만, 그럼에도 불구하고 온화한 미소를 지니며 서라벌을 내려다보고 있는 모습을 담고 있다.

서악동 마애여래삼존입상

서악마을의 어제

선도산 바위 성혈

선도산 입구 부근에는 500여 개의 구멍이 새겨진 바위가 있다. 바위의 크기는 길이가 7.8m, 폭이2.1m 정도이다. 이 구멍들은 성혈(性穴) 또는 바위 구멍으로 불리며, 암반을 깊이 파고 원형의 돌이나 나무로 연마하여 만든 암각화의 한 형태이다. 성혈은 선사시대에 별자리, 풍요, 생산, 다산 등을 상징하는 것으로 알려져 있으며, 이러한 형태의 성혈은 우리나라 전역에서 발견되고 있다. 또한, 성혈은 한국적인 원시 신앙의 형태로 발전하여 조선시대에는 칠월 칠석날 자정에 아녀자들이 성혈 터를 찾아가서 일곱 구멍에 좁쌀을 담아놓고 치성을 드린 다음 그 좁쌀을 한지에 싸서 치마폭에 감추어 가면 아들을 낳는다는 민간신앙이 성행하기도 했다. 이러한 성혈은 선사시대부터 근대에 이르기까지 만들어졌으며, 민간신앙과 관련된 유적으로 전국적으로 알바위, 알터 등으로 불리고 있다.

태종무열왕릉 일대

서악동 고분군

서악마을을 지나는 도로변에 위치한 무열왕릉 바로 뒤편의 구릉에는 서악동 고분군이라 불리는 4개의 대형 고분이 위치하고 있다. 1964년 사적 제142호로 지정된 이 고분군은 모두 둥글게 흙을 쌓아 올린 대형 원형 봉토무덤으로, 주변에는 특별한 구조물이 없다. 아직까지 발굴조사가 진행되지 않아 내부구조를 정확히 파악할 수는 없지만 굴식돌방무덤(橫穴式石室墳) 형태로 추측되고 있다. 조선시대 추사 김정희는 『동경잡기』를 참고하여 4개의 고분의 주인을 진흥왕, 진지왕, 문성왕, 헌안왕으로 추정했다. 최근에는 지증왕, 법흥왕, 진흥왕, 진지왕, 문흥왕(김용춘), 법흥왕 비, 진흥왕비 등의 무덤으로 추정하는 견해들이 있지만 아직까지 명확한 자료가 없어 무덤의 주인은 확인되지 않고 있다.

태종무열왕 능과 비석

선도산 동쪽의 서악동 고분군 5기의 큰 무덤 가운데 가장 아래쪽에 위치하고 있는 것이 신라 제29대 태종무열왕 김춘추의 무덤이다. 1963년 사적 제20호로 지정되어 관리되어 오고 있다. 아직 발굴조사는 이루어지지 않았지만, 굴식돌방무덤으로 추정된다. 이 무덤은 통일신라시대의 다른 무덤들과 비교하면 봉분장식이 상대적으로 간소한 편이며, 무덤 주위에는 자연석으로 둘레돌을 돌렸다. 또한 신라의 왕릉 가운데 무덤 주인을 확실히 알 수 있다는 점에서 높은 가치를 지니고 있다.

무덤 동쪽에는 1962년 국보 제25호로 지정된 태종무열왕릉비가 있다. 통일신라시대에 세워진 비들은 중국 당나라의 영향을 받아 거북 모양의 받침돌 위에 용이 새겨진 머릿돌이 올라가 있다. 비각 안에 있는 비는 현재 비신이 없어진 채 귀부와 이수만 남아있는데, 귀부는 목은 높이 쳐들고 발을 기운차게 뻗고 있는 거북모양이다. 이수에는 좌우 3마리씩 놓여 있는 용이 좌우대칭을 이루고 있다. 앞면 중앙에는 '태종무열대왕지비(太宗武烈大王之碑)'가 새겨져 있어 비의 주인을 확실히 알 수 있다는 점에서 백제 무령왕릉과 함께 높은 역사적 가치를 지닌 것으로 평가받고 있다. 태종무열왕릉비는 우리나라 뿐만 아니라 동양권에서 가장 훌륭한 걸작 중의 하나로 평가되며, 능숙한 조각기술을 통해 당시 석조 조각의 발달상을 엿볼 수 있는 통일신라의 대표작으로 꼽힌다.

서악동 귀부

서악동 귀부(龜趺)는 태종무열왕릉의 남쪽 길 건너편에 있는 높이 1.04m의 조형물로, 1963년에 대한민국 보물 제70호로 지정되었다. 귀부는 비석을 세우기 위한 받침돌로, 김인문(629~694)의 공적을 기리기 위한 비의 받침돌로 전해져 오고 있다. 원래는 귀부, 몸돌인 비신, 머릿돌인 이수로 구성되었으나, 현재는 귀부만 남아 있다. 서악동 귀부는 네 발로 힘차게 받치고 있는 거북이 모양을 하고 있으며, 목을 앞으로 길게 빼고 있다. 목에는 다섯줄의 목주름이 새겨져 있으며, 등에는 육각형 무늬가 새겨져 있다. 등 주위에는 구름무늬와 구슬무늬가 새겨져 있으며, 등 중앙에는 비석을 꽂아 두었던 네모난 홈이 있다. 거북 받침돌의 형태는 시대에 따라 변화하였는데, 9세기부터는 거북의 머리 형상이 용의 머리로 변화하였다. 서악동 귀부는 거북머리의 원형을 잘 보여주고 있어 태종무열왕릉비의 귀부와 함께 통일신라시대 석비 받침돌의 초기 양식을 보여주는 대표적 귀부 중 하나로, 삼국통일 후인 7세기 중반에 제작된 것으로 추정된다.

김인문 묘

태종무열왕릉의 남쪽 길 건너편에 있는 김인문(629~694)의 묘는 특별한 시설 없이 높이 6.5m의 흙으로 높이 쌓아 올린 원형봉토분이다. 1982년에 경상북도기념물 제32호로 지정되었다. 김인문은 태종무열왕의 아들이자 문무대왕의 친동생으로, 어려서부터 학문을 좋아하고 활 쏘기와 말타기에도 능했다고 전해진다. 특히 글씨를 잘 써서 훗날 태종무열왕의 비문을 썼고, 넓은 식견과 뛰어난 재주로 많은 사람들로부터 존경을 받았다고 한다. 20대부터 당나라에 거주하며 외교 역할을 감당했고, 신라와 당 사이의 갈등을 조정하는 데에 크게 기여했다. 신라에 들어와서는 군주로서 장산성을 건설하는 일을 감독하기도 했으나, 그는 주로 뛰어난 외교 능력으로 당나라의 협조를 얻어내어 백제와 고구려를 멸망시키는 데 큰 공을 세웠으며, 신라의 삼국통일에 중요한 역할을 하였다. 당나라에서 관직을 지내던 중 효소왕 3년(694)에 죽었다. 당 고종은 그의 시신을 호송하여 신라로 보냈으며 효소왕은 그에게 태대각간(太大角干)의 벼슬을 내리고 서악에서 장례를 치르게 했다.

김양 묘

김인문 묘 옆에 위치한 김양(808~857)의 묘는 비교적 큰 석실분으로, 특별한 외부시설은 없지만 봉분을 높게 쌓아 올린 원형봉토분이다. 1982년에 경상북도기념물 제33호로 지정되었다. 김양은 태종무열왕의 9대손으로, 흥덕왕 3년(828)에 고성 태수가 되었다. 곧바로 중원(충주시) 대윤에 임명되었다가 무주 도독을 지냈으며, 가는 곳마다 많은 공적을 남겨 명성이 높았다고 한다. 흥덕왕 11년(836) 흥덕왕이 죽고 적자가 없어, 왕의 사촌 동생 균정과 사촌 동생의 아들 제륭이 왕위를 다투었다. 김양은 균정을 지지하여 왕으로 추대했으나, 제륭의 공격을 받아 실패했다. 균정이 죽고 김양은 산속에 숨어 지내다가, 839년에 장보고와 함께 민애왕을 죽이고 균정의 아들 우징(신무왕)을 왕으로 추대하였다. 그러나 신무왕이 일찍 죽자 뒤를 이은 문성왕을 다시 모셨고, 문성왕은 김양에게 시중 겸 병부령의 직을 맡겼다. 문성왕 19년(857)에 나이 50세로 죽자 그에게 대각간(大角干)의 벼슬을 내리고, 부의와 장례를 모두 김유신의 장례 절차와 같이 하게 한 후 태종 무열왕의 능(陵) 가까운 곳에 묻었다.

서악동 고분군

선도산 고분군 일대

선도산 고분군

선도산 고분군은 무열왕릉을 중심으로 하는 능원(陵園) 내의 고분들과 좀 떨어져서 산중턱에 분포하는 비교적 규모가 작은 돌방무덤(石室墳)들을 지칭한다. 이는 돌방무덤이 채용되면서 신라의 왕릉이 산록으로 이동하였다는 증거이며, 왕릉의 규모가 축소되었더라도 경주와 주변 지역에 남아 있는 사실을 보여준다. 여기에는 진흥왕릉, 진지왕릉, 문성왕릉, 헌안왕릉 등으로 알려진 고분들이 위치하고 있다.

신라의 고분은 마립간(麻立干) 시대 이후 칭호를 왕으로 지칭한 법흥왕(재위 514~539년)대에 이르면 왕경이 확장되면서 경주의 중심부 평지에서 벗어나 경주 분지의 좌우에 펼쳐진 산지의 기슭에 있는 구릉지역으로 이동하는 양상을 보인다. 이 때 무덤을 만드는 방식도 앞 시기의 돌무지덧널무덤(積石木槨墳)에서 굴식돌방무덤(橫穴式石室墳)으로 바뀌게 된다. 이러한 변화를 잘 보여주는 것이 바로 선도산 고분군이다. 이 고분들의 북서쪽에 있는 선도산성 내부 여러 곳에서도 고분들이 조사되었고, 동쪽의 왕릉들을 감싸고 길게 뻗는 능선들과 남쪽의 대구-경주간 국도가 통과하는 소태고개의 좌우 능선들에도 많은 고분들이 분포하고 있다. 특히 소태고개의 동쪽에 남북으로 길게 뻗은 능선을 '장산' 이라고 부르는데, 이곳의 남쪽 하단부에는 장산 토우총(獐山 土偶塚)이 위치해 있다. 선도산 일대는 아직 제대로 확인되지 않은 수많은 고분들이 밀집한 지역이다.

현재 서악동에 위치한 왕릉들 가운데 능의 주인이 명확히 확인된 것은 제29대 태종무열왕릉 뿐이다. 나머지 능들 중 북쪽의 선도산 동남자락에 있는 고분들은 조선 영조 6년인 경술년(1730년) 이후 주요 왕들의 이름으로 전칭되어 오던 것을 1960년 이후 정부에서 사적으로 지정하여 전하고 있는 것이다. 앞으로 고고학과 문헌 조사를 통해 그 전모가 제대로 밝혀지기를 기다리고 있지만, 현재로서는 전해오는 내용에 따라 알려진 왕릉을 중심으로 살펴볼 수 밖에 없는 것이 현실이다.

진흥왕릉, 진지왕릉, 문성왕릉, 헌안왕릉

진흥왕릉, 진지왕릉, 문성왕릉, 헌안왕릉은 서악동 삼층석탑 뒤쪽, 서악동 마애여래삼존입상으로 오르는 길 왼쪽에 모여 있는 고분들이다. 진흥왕릉은 높이 5.8m, 지름 20m의 원형 봉토무덤으로, 자연석을 이용해 둘레돌을 돌렸으나 현재 몇 개만 남아있으며, 내부는 굴식돌방무덤으로 추측된다. 1969년에 사적 제177호로 지정되었다. 진흥왕은 신라 24대 왕으로, 540년 왕위에 오른 후 삼국통일의 기반을 마련하기 위해 활발한 활동을 펼쳤다. 그는 먼저 고구려가 점령하고 있던 한강 유역을 빼앗아 신라의 영토를 크게 확장한 후, 562년에는 대가야를 정복하여 낙동강 유역을 확보하고 함흥평

야까지 진출하여 신라 역사상 최대 영토를 차지했다. 또한 척경비를 세워 고구려의 침공을 경계하고, 거칠부에게 『국사』를 편찬하게 하여 역사의 중요성을 인식시켰으며, 신라 최대의 절인 황룡사를 창건하고 화랑도를 창설하여 신라의 문화와 정신을 발전시키는 데에도 기여했다. 진흥왕은 신라 역사상 가장 위대한 왕으로 평가받고 있지만, 그의 무덤은 상대적으로 작은 규모를 가지고 있다.

진지왕릉은 일제강점기부터 고적으로 관리되다가 1969년에 사적으로 일괄 지정되었으나, 2011년에 문성왕릉과 분리되어 사적 제517호로 재지정되었다. 진지왕은 신라 25대 왕으로, 진흥왕의 둘째 아들이자 무열왕의 할아버지이다. 그는 즉위 후 국정을 거칠부에게 맡겼고, 진흥왕의 뜻을 따라 내리서성을 쌓았다. 또한 백제군을 격퇴하고 중국 진나라와 외교관계를 맺는 등의 치적을 이루었으나, 4년 만에 폐위되었다. 진지왕이 세상을 떠난 후에는 영경사 북쪽에서 장사를 지냈다고 전해진다. 이후 조선 후기에 서악동 삼층석탑이 위치한 지역을 영경사 터로 보면서 이곳을 진지왕릉으로 정했다고 한다. 진지왕릉 봉분에 노출된 괴석 일부는 호석으로 추정되며, 봉토와 주변에 잔디를 심어 토사 유실을 방지하고 있다. 봉분의 정면에는 표석 1개와 문화재 안내판이 설치되어 있으며, 봉분 남동쪽에는 길이 32m의 석축이 만들어져 있다.

문성왕릉은 진지왕릉과 함께 일제강점기부터 고적으로 관리되어오다가 1969년 사적으로 일괄 지정되었으며, 2011년에 진지왕릉과 분리되어 사적 제518호로 지정되었다. 문성왕은 신라 46대 왕으로,

재위 기간에 귀족 세력의 도전과 연이어 발생한 난으로 어려움을 겪었으나, 청해진대사 장보고의 난을 평정하고 혈구진을 설치하여 지방 세력에 대한 통제를 강화하는 등의 업적을 남겼다. 봉분에는 호석이나 상석 등이 존재하지 않으며, 남측에 1기의 표석이 설치되어 있고, 그 아래에 문화재안내판이 설치되어 있다.

헌안왕릉은 1969년에 사적 제179호로 지정되었다. 헌안왕은 신라 47대 왕으로, 재위 기간 동안 특별한 치적은 없었지만 불교를 통해 지방 세력의 불만을 완화하려는 정책을 전개하였으며, 제방을 수리하는 등 농사를 장려하기 위해 노력했다고 전해진다. 헌안왕릉은 매우 간단한 형태의 봉토분으로, 주변에는 자연석으로 만든 둘레돌이 있었지만 현재는 몇 개만 남아 있다. 무덤 내부는 굴식돌방무덤으로 추정된다. 조선 정조 16년(1792) 『승정원일기』의 경상도관찰사 보고문에 따르면, 진흥왕릉, 진지왕릉, 문성왕릉, 헌안왕릉이 모두 같은 언덕 위에 위치하고 있다고 기록되어 있다.

진흥왕릉

진지왕릉

서악마을의 어제

서악동 삼층석탑

서악동 삼층석탑은 통일신라시대에 세워진 탑으로, 현세와 서방 세계의 경계를 가르듯 서악마을과 선도산이 잇닿은 곳에 위치한다. 모전탑 계열의 둔중하고 투박한 질감을 가진 서악동 삼층석탑은 1963년에 대한민국의 보물 제65호로 지정되었다. 모전탑은 흙을 구워 만든 벽돌로 쌓은 전탑을 모방했다는 뜻으로, 벽돌 모양으로 다듬은 돌을 사용하여 쌓았다. 이 탑의 기단은 주사위 모양을 형상화한 큰 돌덩이 8개를 2단으로 쌓은 독특한 형태를 가지고 있다. 탑 신부는 몸돌과 지붕돌이 각각 1장의 돌로 구성되어 있다. 1층 몸돌에는 불상을 모시는 공간인 감실을 큰 네모꼴로 얕게 파서 문을 내었고, 문의 좌우에는 인왕상이 하나씩 문을 향해 조각되어 있다. 지붕돌은 하나의 돌에 밑받침과 윗면의 층급을 표시하였으며, 처마는 평행한 형태를 가지고 있다. 각 층의 몸돌과 비교하면 지붕돌이 크기 때문에 균형이 맞지 않고 둔중한 느낌을 주기도 한다.

서원과 서당

도봉서당

서악마을 위쪽에 위치한 도봉서당은 조선 전기 유학자 황정을 기리는 묘사재실로 1545년에 건립되었다. 이후 전란 등으로 훼손되었던 건물을 1915년에 새롭게 서당 형태로 증축하였다. 도봉서당은 처음에 재실로 출발하여 서당으로 확대된 점, 경상도 지역에서는 보기 힘든 형태인 전강당 후재사 형의 건물 배치, 유학자 황정의 인물사적 가치 등을 인정받아 2006년 경상북도 문화재자료 제497호로 지정되었다. 도봉서당은 숭앙문, 도봉서당, 추보재, 연어재, 상허당 등 모두 7동의 건물로 이루어져 있다. 강당인 도봉서당은 정면 5칸, 옆면 1.5칸으로 전면에 툇마루를 갖추었고, 옆과 뒷면에는 쪽마루가 둘러져 있다. 사당인 상허당은 정면 4칸, 옆면 1.5칸의 크기를 가지며, 중당과 협실로 구성되어 있어서 전강당 형식에 가까운 특징을 보인다. 한편 서재인 연어재는 남쪽과 동쪽 면을 팔작지붕으로 처리하여 두 개의 정면을 갖는 점이 돋보인다.

도봉서당

서악서원은 독특하게도 김유신, 설총, 최치원의 제사를 모시는 사당이자 후학을 양성한 교육기관이었다. 1561년에 경주부윤 이정이 지방 유림과 협력하여 김유신의 위패를 모시며 창건하였고, 1563년에는 설총과 최치원의 위패를 추가 배향하였다. 선도산 아래 '서악정사'로 세운 서원이 임진왜란으로 소실된 후 1602년에 묘우, 1610년에는 강당과 동재, 서재를 새로 지었다. 1623년에는 사액서원으로 '서악'이라는 이름을 받았다. 흥선대원군의 서원철폐령에도 살아남은 전국 47개 서원 가운데 하나로, 1975년에 경상북도 기념물 제19호로 지정되었다. 이 건물은 전통적인 전학후묘 형식으로 구성되어 있으며, 앞쪽에는 시습당(時習堂)이라는 학습 공간이 위치하고, 사당은 뒤쪽에 자리하고 있다.

Chapter 2

서악마을의 오늘

서악동 삼층석탑 주변 정비 모습(2010)

문화유산의
보존과 활용

문화재 돌봄사업

2008년 2월 10일, 국보1호 숭례문이 70대 남성의 방화로 전소되는 경악스런 사건이 일어났다. 이 사건은 대한민국의 전통 문화재의 보존 관리 실태에 대해 대단한 충격을 안긴 사건이었다. 국보1호에 대한 관리가 이런 정도라면, 다른 문화재는 얼마나 허술하겠는가 하는 비판이 제기되었지만, 정작 문화재를 직접 관리하는 담당 기관과 지자체, 유관 단체들의 입장에서는 제대로 된 정책적 지원 없이는 계속 늘어가는 관리 대상 문화재의 유지 보수 수요를 도저히 감당할 수 없다는 참담한 현실이 있었다. 일차적으로 문화재가 국가 지정인가, 지자체 지정인가에 따라 관리 주체가 중앙정부와 지자체로 나뉘어서 예산과 인력의 투입이 달라지기도 하고, 역사적 가치가 있지만 미지정 상태의 문화재도 상당히 많은 상황이었다. 그리고, 공무 처리의 특성상 대부분은 훼손이 생긴 다음에야 사후조치를 할 수 있다 보니, 미리 예방하고 관리해 왔더라면 간단히 대응할 수 있는 사안도 조치를 취하는데 오랜 시간이 걸리면서 더 문제가 악화되는 불합

리한 상황이 초래되었다.

2008년 어간부터 이런 상황을 타개해 보려는 시도가 여기저기서 나왔다. 노동부의 지원을 받아 고령 인구를 문화재 관리 업무에 투입하는 사업도 시도되었고, 2009년에는 문화재보호기금법을 제정하면서 복권기금을 이 목적으로 쓸 수 있도록 조치가 이루어지기도 했다. 이런 과정에서 탄생한 것이 '문화재 상시관리 사업'이었다. 2010년에 전국 5대 광역시도권역에 시범사업이 실시되었는데, 이 사업이 전국적으로 점점 확대되어 가면서 2013년에 '문화재돌봄사업'으로 명칭이 변경되면서 대상지역의 문화재 모니터링, 일상관리, 경미수리를 담당하는 민관사업으로 확장되었다. 2024년 3월 현재, 17개 광역시도가 참여하고 있고, 25개 돌봄사업단이 활동 중이며, 대상 문화재는 8,966개소에, 고용 인력은 831명에 이르는 큰 사업이 되어 있다. 2020년 문화재보호법에 일상관리 영역이 신설되어서 문화재돌봄사업은 사업 시작 10년만에 법적 근거를 갖추고 문화재 관리 영역의 주요한 대표 사업으로 자리를 잡게 되었다.

신라문화원이 서악마을에서 사업을 펼치게 된 중요한 계기가 바로 이 '문화재돌봄사업'이었다. 신라문화원은 이 사업 초창기 전국 5대 권역의 사업 주체 중 하나인 경북남부문화재돌봄센터를 위탁받아서 지금까지 활동하고 있다. 5대 권역 중 영남의 신라문화원과 호남의 대동문화재단은 문화재 활용을 통한 보존에 중점을 둔 사업으로 시작했고, 다른 3곳은 상시관리를 중심으로 사업이 구성되어 있었다. 진병길 원장은 이 사업 초기였던 2015년에 문화재돌봄지원센터를 창립해 2016년까지 이사장으로 활동했고, 2017년 한국문화재돌봄협회가 출범을 하면서는 창립시부터 2022년까지 협회장으로 3연임을 하면서 이 사업의 기틀을 다졌다. 신라문화원은 문화재돌봄사업 분야에 주도적으로 참여하며 성공적인 사례를 만들어내서 2019년에는 제1회 대한민국 정부혁신박람회에 문화재청의 혁신 사업 사례로 선정되어 그간의 활동을 공식적으로 인정받는 쾌거를 이루었다. 이외에도 대통령상을 비롯하여 다수의 상을 받은 바 있다. 신라문화원이 문화재돌봄사업의 핵심 취지에 부합하면서도 창의적으로 확장심화 시킨 대표 사례가 바로 '서악마을'이다.

문화재돌봄사업의 기본 아이디어는 이렇다. 과거에는 문화재의 관리와 유지 보수는 국가의 책임이자 고도의 전문 영역으로 간주되어서 민간의 참여나 접근이 극히 제한적이었다. 그러나, 이런 방식으로는 발굴을 통해 새롭게 추가된 문화재의 숫자가 늘어가는 상황에서 관리 책임 분산으로 인해 발생하는 비효율을 피해가기 어려웠다. 문화재돌봄사업은 '모니터링', '일상관리', '경미수리'로 나누어지는데, 모니터링은 육안 관찰을 기본으로 더 전문적인 수준까지 상시 관찰을 통해 훼손 요인을 예측, 감지, 보고하는 활동이고, 일상관리는 문화재 주변 환경과 관람 환경을 개선시키는 작업으로 17개의 관리 항목을 규정해 놓았다. 여기에는 청소, 제초, 소화기 및 CCTV 시설 점검 등이 포함되는데 문화재를 안전하고 쾌적한 상태로 유지하는 일상관리 활동을 시행하도록 한다. 경미수리는 과거에 비해 진일보한 정책으로 볼 수 있는데, 모니터링이나 일상관리를 통해 경미한 훼손이 발생했을 때 신속하게 복구조치를 하거나 긴급 대응을 할 수 있도록 한 것이다. 현재 23개 항목으로 경미수리 업무를 규정해 놓았고, 이를 위해 경미수리가 가능한 인력을 운영하고, 평상시 교육하고 유사시 출동할 수 있도록 체계를 갖춰서 대처하도록 한 것이다. 이것은 기본적으로 문화재의 유지관리를 위한 사업이지만, 사후 대처가 아니라 예방적으로 관리하고, 경미한 부분은 즉시 수리함으로써 사실상 국가 예산을 절감하는 효과도 있고, 이를 위해 인력 채용을 하게 됨으로써 정부가 관심을 두고 있는 청년층과 노년층의 일자리 창출 효과도 있었다. 민관 협력의 영역을 확대해가는 추세에도 부합하는 측면이 있었다.

문화재돌봄사업은 꾸준히 확대발전 되어 왔는데, 우선 대상 문화재가 급격히 늘어났다. 초기에는 국가지정문화재, 혹은 역사적 가치가 있지만 미지정 상태인 문화재를 대상으로 했다. 시도지정문화재는 관리 주체가 달라 포함되지 않았다가 2014년부터 통합 관리가 이루어지고 있다. 또한 기존에 별개로 존재하던 경미수리 사업체들도 문화재돌봄사업으로 일원화되어 전반적인 체계화가 가능해졌다. 참여 인력의 전문성도 강화되었다. 초반에는 제초나 청소 등 간단한 관리 업무 정도에 머물던 인력들에게 점차 경미수리가 가능하도록 한옥 수리에 필요한 목공, 기와, 미장, 도배, 초가, 조경 등의 기술 교육을 제공하고 있고, 자격증 취득까지 이끌고 있다. 2014년경에는 직원 중 국가자격증 소지자가 5% 수준이었는데, 꾸준한 교육을 통해 현재는 50% 정도가 자격증을 갖춘 전문가가 되어 있다. 이런 훈련과 교육은 2015년 이후 정례적으로 이루어지고 있으며, 영호남 권에서 각각 기초, 중급, 고급으로 나누어 시행 중이다. 영남권 교육 은 현재 경주에서 한국문화재돌봄협회가 진행하고 있다. 2015년에 는 문화재청 산하에 한국문화재돌봄지원센터(초대 이사장 진병길) 가 별도 법인으로 출범하였다. 2017년부터 이 기관은 중앙문화재돌 봄센터로 명칭을 바꾸어 문화재청 지정기관으로 운영되고 있고, 이 와는 별개로 한국문화재돌봄협회가 새롭게 구성되어서 돌봄사업 전 반에 전문성과 더불어 전국적인 긴밀한 체계가 보강되었다.

문화재돌봄협회 교육장

2018 문화재돌봄사업
영남권역 제1차 번와 심화반 교육과정
일시 2018년 4월 18일~4월 20일 장소 경주 일대 주최 문화재청, 한국문화재정책연구원 돌봄지원센터 주관 (사)한국문화재돌봄협회
문화재돌봄사업은 복권기금 지원사업으로 추진되고 있습니다.

문화재돌봄사업이 안팎으로 그 존재감을 뚜렷이 드러낸 중요한 계기가 2016년 9월 12일 경주 지진이었다. 진도 5.8의 지진과 연이은 태풍으로 경주지역은 심각한 피해를 입게 되었다. 특히 지역의 특성상 광범위하게 산재한 문화재와 한옥 가옥들에 끼친 피해가 얼마나 될 것이며, 이를 어떻게 복구할 것인지는 대책을 세우기도 힘든 상황이었다. 지진 바로 다음날 신라문화원의 경북남부문화재돌봄사업단은 긴급히 2인 1조로 12개 팀을 구성해서 경주 및 영덕, 영천, 청도 등 인근 지역의 지진 피해를 파악하고, 100여개의 모니터링 대상 문화재의 피해상황을 조사해 문화재청 등 관계기관에 신속하게 보고를 했다. 사흘 뒤에는 경상북도, 경주시, 문화재돌봄사업단, 전문업체 등 90여명이 팀을 이루어 문화재 50곳의 응급조치를 완수했다. 여진과 태풍이 지나간 후 문화재 관련 시설 피해 복구가 시작되자, 한국문화재돌봄협회를 주축으로 경미한 문화재 수리, 부속 건물, 담장, 매표소, 화장실 등의 관련 시설 복구에 나섰고, 19일부터는 전국 15개 문화재돌봄사업단이 매일 40명씩 인력을 파견해서 복구를 도왔다. 2015년부터 돌봄사업 교육을 통해 미장과 와공교육을 거친 인력이 이미 확보되어 있었던 것이 결정적 역할을 했다. 경주에는 고도보존육성지구로 지정되어 한옥을 유지하고 있는 집들이 많은데, 이중 기와지붕이 파손된 197 가구 중 수리 가능한 125 가구를 복구하는 일에 바로 뛰어들 수 있었다. 이들은 2주간의 유적 응급조치를 마치고, 6주간은 피해를 입은 마을 정비에 나서서 11월 4일까지 일차 복구를 마무리하고 해산했고, 남은 업무는 경주의 사업단이 마무리를 했다.

　문화재돌봄사업과 전국적 네트워크가 없었더라면 지진상황에서 문화재 피해 실태를 조사하고, 복구하는 일에는 소수의 공무원과 전문가들만 동분서주했을 것이고, 상황 파악만 해도 상당한 시간이 소요되어서 관련 기관과 지자체는 여론의 질타를 피하기 어려웠을 것이다. 그리고, 긴급조치가 이루어지지 않고 방치되는 상황이 길어졌다면 문화재의 훼손과 피해는 걷잡을 수 없는 상황이 되었을 것이다. 이런 활약상은 2017년 11월 포항지역에 지진이 발생했을 때에도 다시 한번 재현되면서 '문화재119' 역할을 톡톡히 했다. 평상시 관리와 대비 태세가 위기 상황에 빛을 발한 순간이었다.

서악서원

신라문화원이 서악서원과 인연을 맺은 것은 2009년으로 거슬러 올라간다. 2000년대 초반은 일반인들의 문화재에 대한 인식 수준과 문화재를 향유하고자 하는 열망이 높았던 시기였다. 문화재 정책 또한 사람들의 관심에 부응하듯 '문화유산의 관광자원화'와 '문화재 향유 기회 확대'를 주요 과제로 채택했으며(《문화재 보존관리 및 활용에 관한 기본계획》, 2002년), 이를 위해 문화재청 내에는 문화재 활용국(2009)이 설립되었다. 이런 시대적 흐름에 맞춰 신라문화원은 사회적 기업으로 경주고택을 설립해서 노동부 일자리 사업에 지원했다. 이 사업에 선정되면서 2008년 12월부터 김호 장군의 재실이었던 월암재(경주시 탑동 소재)를 정비하여 고택 숙박 체험 프로그램을 진행할 수 있었다. 이러한 신라문화원의 활동을 눈여겨보던 최현재 경주향교 전교는 2009년 신라문화원에 서악서원 관리 및 활용을 요청했다. 신라문화원은 당시 월암재, 수오재, 독락당의 운영을 위탁받고 있었고, 서악서원의 운영 이후 도봉서당, 종오정, 만송정 등으로 영역을 넓히게 된다. 이 사업은 신라문화원이 설립한 사회적 기업인 경주고택에서 관리하였다. 신라문화원이 서악서원 정비와 관리를 위탁 받았을 당시, 서악서원은 제대로 관리되지 않아 건물 곳곳이 훼손되고 쓰레기와 잡초가 무성한 상태였다. 관리인이 상주했지만 한 명이 서원 전체를 관리하기란 여간 어려운 일이 아니었다.

서악서원은 신라 삼국통일의 주역인 김유신 장군과 신라의 문장가였던 설총과 최치원을 배향하기 위한 목적으로 1561년에 세워진 곳으로, 대원군의 서원 철폐령에서도 예외로 인정받은 전국의 47개소 중 하나인 유력한 서원이었다. 경주지역의 선현을 배향하고 지방교육의 산실 역할을 맡았던 서악서원은 언젠가부터 매년 3월과 9월에 김유신, 설총, 최치원의 제사를 지내는 것을 제외하고는 일상적인 행사나 연계 프로그램이 없는 상태로 유지되었다. 관계자들의 추산에 따르면 당시 연간 방문자 수는 평균 1천여 명 정도였다.

조용했던 서악서원이 다시 활기를 띄게 된 것은 2009년에 신라문화원이 서악서원 문중의 관리 요청을 받아 서원을 정비하고 각종 프로그램을 활성화하기 시작하면서였다. 신라문화원은 문화재청과 경상북도로부터 지원받은 1억 2,000만 원의 문화재돌봄사업(당시에는 문화재 활용 프로그램) 추진비 중 2,300만원을 사용하여 서악서원을 일부 정비했다. 활용 프로그램의 예산을 공간 정비에 먼저 투입하기 위해서는 문화재청과 경상북도를 설득해 승인을 얻는 것이 먼저 필요했다. 일차적으로 벽체, 담장, 기와 등 심각하게 훼손된 부분을 복구하였고, 이후 건물 안팎의 쓰레기와 잡초를 제거한 후 성경재, 진수재, 동재, 서재 등을 정비하여 사람들이 편안하게 드나들고 앉아서 쉴 수 있는 곳으로 만들었다. 4개소는 숙박이 가능하도록 도배공사와 전기공사를 시행했다.

2011년부터는 경상북도와 경주시에 제안하여 실외에 화장실을 개축하고, 2012년에는 관리동에 거주하던 관리자가 떠나게 되어 신라문화원은 경주고택 예산을 투입해 관리동(고직사)을 정비하기 시작했다. 2013년에는 문화체육관광부의 향교, 서원 정비 공모 사업에 선정 대상 전국 9개소에 경주에 소재한 경주향교와 서악서원이 각각 선정되는 이례적 사례가 생겼다. 경주향교가 전통과 역사 측면에서 고려되었다면, 서악서원은 신라문화원이 자기 예산을 투입해 본체와 관리동을 수리한 적극성을 높이 평가받은 것으로 알려졌다. 이로써 온갖 폐기물과 쥐가 들끓던 관리동은 한옥의 원형을 유지하며 현대식 부엌 시설과 화장실을 갖추게 되었다. 시멘트로 덮여 있던 관리동 옆의 우물은 바닥에 쌓인 침전물과 시멘트를 제거하고 돌로 우물담을 쌓아 올려 우물터를 조성함으로써 서원의 운치를 한층 더 높였다.

  신라문화원은 서악서원 내부 뿐만 아니라 담장 밖을 가꾸는 일에도 정성을 기울였다. 담장 밖의 텃밭과 유휴지에 오랜 시간 동안 쌓여 있던 나뭇가지, 비닐, 플라스틱 등의 집채만 한 쓰레기 더미를 굴삭기를 동원하여 치웠다. 쓰레기를 치운 자리에는 경주 시니어클럽(신라문화원의 노인 일자리 기관)의 숲 해설가들이 직접 꽃밭을 가꾸고, 서악마을을 찾는 아이들에게 꽃에 관한 설명을 해주기도 했다. 이 꽃밭은 서악동 삼층석탑 주변의 작약과 구절초에 더해서 철마다 바뀌는 야생화들로 서악마을과 아름답게 조화되는 공간이 되어서, 서악서원의 운치를 한층 더 높여주었다는 호평을 받았다. 또한 서악서원 옆에 지저분하게 방치되고 있던 옛 거름터에는 벽돌로 창고를 지어 주변에 널려 있던 작은 농기계나 거름을 보관할 수 있도록 정비했다. 서악서원 자체를 아무리 잘 가꾸어도 주변상황이 흉물스러우면 사람들이 찾고 싶은 공간이 될 수가 없다. 문화재 주변의 정비가 필수적으로 고려되지 않을 수 없는 이유였다.

서악마을의 오늘

서악서원 인근에 방치된 쓰레기가 엄청나게 많았다.
지저분한 거름터는 벽돌로 새로 쌓고 페인트를 칠해
깨끗한 관람환경을 제공했다.

서악서원은 원형의 모습을 유지하면서도 필요에 따라 부분적으로 현대식 시설을 갖춘 건축물로 거듭났다. 그렇지만 가장 중요한 관리 문제가 남아있었다. 한옥 문화재 관리의 핵심은 일상성과 지속성이다. 한옥은 흙과 나무가 주재료이기 때문에 비, 바람, 햇빛, 식물 등 자연환경의 변화에 민감하게 반응하며 끊임없이 변한다. 따라서 건물 안팎을 하루도 빠지지 않고 면밀히 점검하여 경미한 균열이나 부식, 훼손된 부분을 찾아내어 수리하고 복원해야 한다. 이런 일은 일상적으로 사람의 손길을 필요로 하는 것인데 어떻게 해야 서악서원을 일상적이고 지속적으로 관리할 수 있을까?

진병길 원장과 신라문화원은 이 문제는 이 큰 건축물을 계속 빈 집으로 방치해 놓고서는 기대하기 어려운 일이라 생각했다. 사람들이 계속 찾아오고, 실제로 사용하는 공간이 되는 것이 더 나은 방법이 될 것이라 생각해서, 가능한 많은 사람들이 서악서원을 방문할 수 있도록 했다. 신라문화원은 서악서원을 지속적으로 정비하는 한편, 2009년에는 노동부 지역 연계형 일자리 사업의 일환으로 사회적 기업 '경주고택'을 설립하였고, 2010년부터는 숙박 체험 프로그램을 운영하기 시작했다. 그 당시에는 서원에서 숙박 체험 프로그램을 운영하는 일은 쉽사리 결정하고 진행할 수 있는 일이 아니었다. 서원은 성현에게 제사를 지내고 유학자를 양성하며 조선시대의 사회적 기틀을 다지던 곳이기 때문이다. 이런 유서 깊은 공간에 일반인들이 먹고 자는 숙박을 허락하면 자칫 서원의 기강이 흐트러지거나 유물이 망실될 것이란 우려가 자연스럽게 생기게 된다. 서악서원 문중과 문화재청 등은 경주고택의 책임감과 성실함을 믿고 이해와 지원을 아끼지 않았다.

덕분에 서악서원 고택 체험 프로그램은 날이 갈수록 성장하게 되었다. 고택의 특성상 화장실은 실외에 별도로 위치하고 있으며 편의시설은 다소 부족한 편이었지만 굳이 고택을 찾아온 사람들은 이러한 점을 개의치 않았다. 오히려 유서 깊은 서악서원의 고요하고 정감 넘치는 분위기에 큰 만족을 느끼며 주변에 입소문을 내주었다. 이렇게 서악서원은 세계 각국의 여행자들까지 즐겨 찾는 숙박 명소로 자리매김하게 되었다. 더불어 신라문화원은 '서원 선비체험'(살아 숨 쉬는 서원), '신(新)화랑 풍류 체험', '신라 달빛기행' 등 자체 문화 프로그램을 서악서원과 연계하여 활용하였다. 예를 들어, 선비체험 중에서 전통 예절 및 다도 체험, 선비 풍류 체험, 배향 인물 탐구 등의 주요 일정을 서악서원에서 진행했는데, 이를 통해 자연스럽게 서악서원의 역사를 배우고, 그 기품과 정취를 온몸으로 느끼게 된다.

2013년에 진병길 원장은 성균관에서 서악서원의 숙박 체험을 비롯한 각종 문화 프로그램이 연계된 서원 활용 사례를 발표했다. 서악서원 사례는 성균관 유학자와 건축 문화재 관계자, 향교와 서원의 유사들로부터 큰 호평을 받았다. 같은 해, 경상북도에서 열린 대통령 업무보고회에서도 서악서원 활용 사례를 소개했다. 당시 대통령은 진병길 원장의 '활용이 보존이다'라는 말을 바탕으로 한 문화재 보존 노력을 칭찬하며 서원 활성화에 힘을 실어주었다. 이를 계기로

서원 활용 프로그램은 전국적으로 더욱 활발하게 확장되었다.

　신라문화원은 2016년부터 서악서원 앞뜰에서 고택 음악회를 개최했다. 매년 4월부터 10월 사이 격주로 토요일 저녁에 열리는 고택음악회는 누구나 자유롭게 참관할 수 있도록 무료로 진행되었다. 이 음악회는 국악, 성악, 스토리공연 등 다양한 장르의 음악 공연을 선보이며 서원의 기품에 걸맞은 다채로운 음악 향연을 펼쳤다. 달빛 아래 서악서원 뜰에서 펼쳐지는 은은하고도 흥겨운 음악은 그 맛과 멋이 일품이라는 평가를 받으며 서악서원의 대표적인 문화 프로그램으로 자리 잡게 되었다. 신라문화원은 기존에 운영하던 문화 프로그램에 고택음악회 참관 일정을 포함시키는 방식으로 시너지를 유도해서 호평을 받았다. 예를 들어, 신라달빛기행 행사를 할 때는 낮에 유적지 답사 후 저녁 식사를 하고, 서악에서 열리는 고택음악회를 관람하고, 월지(안압지) 야경을 감상하거나 백등을 들고 서악동 고분군을 거닐 수 있도록 진행하거나, 서원의 선비체험과 新화랑풍류체험 등 다른 프로그램들에도 고택음악회 참관 일정을 포함시키는 방식이었다. 고택음악회는 그 자체로도 참여도 많았고 만족도가 높았지만, 기존의 문화 프로그램들과 결합되면서 서악서원의 활기를 한층 고양시켰다. 고택음악회를 찾는 관객들의 수요가 증가하면서 2018년부터 2020년까지 매주 토요일마다 고택음악회를 개최하였다.

　지난 10여 년간의 파격적이고 다채로운 시도 덕분에 서악서원은 연간 방문객이 기존 1,000여 명에서 30,000여 명으로 급격히 증가하며 경주의 명소로 자리매김하게 되었다. 오랜 기간 방치되어 있던 서악서원은 이제 많은 사람들이 오가며 즐길 수 있는 프로그램이 가득한 곳이 되면서 깊은 잠에서 깨어나고 있었다. 이렇게 서악서원이 개방되고, 사람들에게 다가가는 모습을 보여주자 기업이나 학교가 이 공간을 활용하기 위해 찾게 되었고, 학술 세미나나 결혼식 등의 다양한 행사의 장으로 널리 알려지게 되었다.

아쉽게도 2020년에 서악서원과 신라문화원의 계약이 10년으로 만료되었다. 그 이후로, 고택 숙박 체험 및 고택음악회 등의 프로그램을 바로 접을 수는 없어서 서악서원 보다는 조금 규모가 작지만 고택의 분위기가 물씬한 서악마을의 도봉서당으로 옮겨서 이어가고 있다. 현재 서악서원은 과거와 같은 방식으로 여러 프로그램을 운영하고 있지는 않다. 문중의 관리자 한 사람으로는 문화행사를 운영하기도 어렵고, 문이 상시 열려 있지도 않게 되면서 사람들로 북적대던 서악서원이 다시 잠들게 된 건 매우 안타까운 일이지만, 이 역시 역사의 한 부분이 될 것이다. 최근에는 다시 공간을 개방하고 협력하는 분위기가 형성되고 있어서, 서악서원이 다시 활기찬 공간으로 되살아 나기를 기대하고 있다.

정종섭 행자부 장관과 대청마루 정담

西岳書院

향교·서원·고택 주민의 품으로, 대청마루 정담

2015. 4. 13(월) 10:00 서악서원 행정자치부

정재숙 문화재청장과 주낙영 경주시장 방문

도봉서당

　도봉서당은 1545년에 조선 성종 대의 학자 황정을 추모하기 위하여 현재의 위치에 추보재라는 묘사재실로 건립되었다. 이후 임진왜란 등의 전란을 겪으며 훼손되었지만 1915년에 황정의 후손들이 재건하여 추보재가 있었던 자리에 도봉서당을 중건하였다. 경상북도 문화재과는 2010년에 도봉서당의 노후된 연어재 건물을 복원하면서, 문중의 동의를 얻어 신라문화원에 도봉서당을 서악서원처럼 관리하고 고택 체험 프로그램을 운영해달라고 요청했다.

　신라문화원은 도봉서당을 보수하고 관리하는 동시에, 고택숙박과 문화체험 프로그램을 운영하기 위한 다양한 시설을 정비하기 시작했다. 시급한 처리가 필요한 사안은 화장실이었다. 도봉서당의 기존 화장실은 벽돌과 시멘트로 조악하게 급조되어 있었으며, 오수 처리 기능 또한 거의 상실된 상태였다. 이에 신라문화원은 2012년에 경상북도와 경주시에 요청하여 기존 화장실을 철거하고 도봉서당의 전통적인 특성을 살린 한옥 형식의 새로운 화장실을 신축하였으며, 내부에는 샤워 시설을 비롯한 현대적인 시설을 완비하였다.

　도봉서당 앞에 위치한 관사는 오랫동안 방치되어 있어 곳곳이 허물어지고 생활쓰레기가 쌓여 있었다. 신라문화원은 관사의 담벼락을 다시 세우고, 마당의 시멘트 바닥을 제거하면서 닭장과 창고로 사용되던 가건물을 철거했다. 또한 내부를 대대적으로 정비하여 사람들이 편안하게 생활할 수 있는 공간으로 만들었다. 이후 도봉서당 관사는 식당과 물품창고 등을 갖추게 되었고, 도봉서당 숙박 체험은

물론 서악마을의 경주고택 숙소 4곳을 관리하며, 다양한 프로그램을 진행하는 데 훌륭한 베이스캠프로 활용되고 있다.

도봉서당은 서악서원에 견주어 대지와 건축 규모가 작지만, 선도산 자락에 바로 맞닿아 있어 포근하게 안겨 있는 느낌을 주는 데, 도봉서당의 마루에 앉아 조용히 눈을 감고 있으면 싱그러운 봄의 꽃향기, 시원한 여름의 풀 내음, 상쾌한 가을의 바람, 따뜻한 겨울의 눈꽃 등 계절의 변화를 온몸으로 느낄 수 있어서 고즈넉하고 소박한 운치가 있다.

신라문화원은 경주의 역사와 문화재를 활용하여 다양한 문화 프로그램을 기획하고 운영하여 참가자들의 열정적인 반응을 이끌어 냈다. 그 결과, 신라문화원은 창립이래로 다양한 상을 수상하며 그 역량과 수고를 인정받아 왔다. 한국관광공사 한국관광 대상 장려상(2001), 불이상(2002), 경상북도지사 표창(2004, 2005), 경주시장 표창(2004), 보건복지부 장관상(2005), 문화재청장상(10여 회), 대한민국 문화유산상 대통령상(2005), 고용노동부 장관 표창(2012), 포항MBC 삼일문화대상(2016)등을 수상했고, 진병길 원장 역시 국내 문화유산보호의 공로를 인정받아 문화유산상 대통령 표창(2016)을 받았다.

그러나 이런 신라문화원에게도 서악서원과 도봉서당을 관리하고 숙박 체험 프로그램을 운영하는 일은 어려운 도전이었다. 서악서원과 도봉서당을 거점으로 진행된 문화재 활용 사업을 지속적으로 유지 관리하기 위해서는 대단한 각오와 노력이 필요했다. 사회적 기업 경주고택을 설립하고 고택 숙박 체험 프로그램을 시행했을 때에도 주변의 많은 우려와 걱정을 받았다. 실제로 경주고택이 숙박 체험 프로그램을 시행하고 있는 월암재, 독락당, 수오재, 서악서원, 도봉서당, 종오정, 만송정 등의 사업적 효율성은 현저히 낮았다. 상대적으로 규모가 큰 서악서원과 도봉서당을 제외하면 다른 고택은 방이 평균 2~3개 정도이고, 경주고택은 사회적 기업으로서 다른 한옥 숙박업소들보다 저렴한 비용으로 손님을 맞이하다 보니 경영상 적자를 면치 못하는 가운데 필요한 인력은 늘 부족한 상황을 맞닥뜨려야 했다. 고택들이 서로 멀리 떨어져 있어서 늘 일손이 부족했던 것이다. 2023년을 기준으로, 경주고택은 숙박 접수 및 안내를 담당하는 전담 관리직원 3명과 2~3명의 시간제 노동자들이 운영을 이어가고 있다. 이들 경주고택 관리자들은 예약을 받고 최상의 청결 상태를 유지하기 위해 여러 공간을 오가며 일당백으로 동분서주해 왔다. 서악마을과 도봉서당에서 시행되는 연계 행사의 원활한 진행을 직간접적으로 돕는 것도 이들의 몫이다. 고택의 특성 상 계절별 수요가 꽤 크게 달라진다. 고택 관리를 위해서는 비성수기에도 필요 인력이 줄어들지는 않는다.

안정적인 수익을 확보하지 못하면서 이런 사업이 유지될 수 있을까, 실무자들의 과중한 업무 부담을 덜려면 어떤 다른 대안이 필요한 것일까? 진병길 원장은 고택과 현대인이 만나 교감하는 일이 더 자연스런 일상이 되기 위해서는 조금 더 버티면서 상황이 무르익도록 해야 한다는 입장이다. 비록 당장은 이윤을 창출하기 어려운 사업이지만, 서악마을의 민가 몇 채를 장기 임대하여 게스트하우스를 운영하는 등 자구책을 마련해 나가면서 해를 거듭할수록 경영지표가 호전되고 있다고 한다. 다만 적은 인원으로 여러 채의 고택을 관리하다 보니 노동 강도가 높아서 시간제 노동자들이 자주 교체되고 있고, 안정적인 상주 인력을 확보하지 못하고 있는 점은 당분간 해결이 쉽지 않은 대목이다. 다른 지역에서도 문화재나 고택을 활용한 숙박 프로그램을 시작했다가 사업을 접는 경우가 많이 생기는데, 유지관리에 손이 많이 가고, 화장실이나 샤워시설, 부엌 등에서는 현대식 시설에 비해 불편함을 감수해야 하고, 그에 반해 수익성이 생각보다 높지 않아서 지속적 유지가 안되기 때문이다. 사회적 기업이 추진하는 사업이 궤도에 올라 안정적인 고용 창출을 해낼 때까지는 관련 부처의 대책과 지원이 절실한 부분이 있다. 신라문화원 입장에서는 꾸준히 연계 프로그램을 만들어내고, 개별 고택을 넘어서 마을 전체에 숙박 클러스터를 확보하는 등의 자구적 대응을 고민하게 되는 이유이다.

서악동 삼층석탑과 선도산 고분군 정비 연표

2011	서악동 삼층석탑 돌봄 대상 등록
	반경 50~100미터 정비 시작
2013	선도산 고분군 정비 시작
	국화 식재
2014	작약 식재
2016	구절초, 연산홍 식재
2017	진달래 식재
	구절초 음악회 시작 (KT&G 지원)
2018	꽃무릇 식재
	형산강 모래와 자갈로 구절초 꽃밭 정비
	구절초 음악회 (KT&G 지원)
2019	구절초 음악회 (경주시 지원)
2022	황금꽃정원사업 (경주시 지원)
2023	구절초 음악회 (경주시 지원)
	황금꽃정원사업 (경주시 지원)

　서악서원과 도봉서당을 정비하던 진병길 원장은 틈틈이 선도산을 오르내리며 서악동 삼층석탑과 주변에 흩어져 있는 30여 기의 고분군(이하 '선도산 고분군')을 주의 깊게 살펴보았다. 당시 이곳은 도봉서당 주차장과 사유지, 밭, 수풀, 잡목 등에 둘러싸여 있었

는데, 그 혼잡한 환경 속에서 서악동 삼층석탑이 위태롭게 서 있었다. 서악동 삼층석탑은 신라시대 유물로서 대한민국의 보물로 지정되어 있었지만, 관리는 철제 울타리 안쪽 10여 평 정도에 국한되어 있었다. 그러다 보니 주변에 대나무와 아카시아 나무가 무성해서 바로 앞에 있는 도봉서당 내부에서는 물론 도봉서당 뒤 주차장에서도 탑을 볼 수가 없었다. 문화재 돌봄 매뉴얼에는 문화재 주변도 정비하도록 명시되어 있지만, 현장에서 이를 그대로 적용하는 일은 매우 까다로운 문제이다. 우리나라의 문화재들은 사유지에 밀접해 있는데, 민원 발생 소지를 피하려다 보면 관리에 어려움이 있다. 전국의 문화재 관리 단체들은 문화재 자체를 관리하기에도 예산이 부족해 주변까지 정비할 여력이 없다. 서악동 삼층석탑 역시 이런 이유로 제대로 관리가 이루어지지 않고 있었다.

시야를 조금 더 확장해보면 상황은 더욱 열악했다. 서악동 삼층석탑에서 북서쪽 방향의 선도산 기슭에는 진흥왕릉(사적 제177호), 진지왕릉(사적 제517호), 문성왕릉(사적 제518호), 헌안왕릉(사적 제179호)이 있다. 이 4기의 능은 사적으로 지정되어 있었지만, 능과 주변 지역만 관리되고 있어서 몇 걸음만 벗어나면 우거진 잡목이 시야를 가려 능이 잘 보이지 않는 상황이었다.

서악동 삼층석탑의 북동쪽 방향 선도산 자락에 위치한 고분군은 상황이 더 심각했다. 이곳에는 신라시대 왕족들의 무덤으로 추정되는 20여 기가 넘는 무덤이 밀집해 있다. 이쪽의 선도산 고분군은 아직 문화재로 지정되지 않아서 1년에 한 번 정도 제초작업 외에는 전혀 관리되지 않은 채로 방치되어 있었다. 오랜 세월 사람들의 관심을 벗어나 있던 고분군은 비바람에 파이고, 뭉개진 채로 방치된 상태였고, 크고 작은 돌들과 대나무, 아카시아나무, 소나무 등이 고분 접근을 가로막고 있어서 보기에도 흉할 정도였다.

위에서 언급한 선도산의 모든 능과 고분군은 실제 주인이 누구인지 확인하기 어렵다. 도로변에 위치한 5기의 대형 고분(이하 '서악동 고분군')도 태종무열왕릉을 제외하고는 주인이 밝혀지지 않았다. 많은 연구자들은 이 서악동 고분군이 지증왕, 법흥왕, 보도부인(법흥왕의 왕비), 진흥왕, 사도부인(진흥왕의 왕비), 진지왕 또는 김용춘(무열왕의 아버지)의 능이라고 주장하지만, 이 역시 확정할 사료가 존재하지 않는다. 다만 서악동 일대 고분이 당대 유력자들의 것이라는 점은 분명하다. 무덤이 조성되던 시기에 이곳 서악동은 왕족과 귀족들의 피안의 거처였을 것이다. 그런데 현재 충분한 근거 없이 어떤 무덤은 능이 되고 어떤 무덤은 비지정 문화재로 분류가 되어 있는 셈이다. 이러한 풍경은 전국의 문화재 현장 곳곳에서 빈번하게 발견된다. 문제는 이렇게 정해진 문화재의 중요도에 따라 관리 비용과 인력이 불균형하게 배분되는 현실에 있다.

서악마을 일대의 문화재 관리에도 이런 문제들이 고스란히 나타나고 있었다. 태종무열왕릉을 비롯한 서악동 고분군은 경주의 주요 관광지로 개발되어 방문객의 발길이 끊임없이 이어지고 있지만, 서악동 삼층석탑과 선도산 고분군 및 진흥왕릉 일대는 등산객이 가끔씩 지나가거나 숨겨진 문화재를 찾아다니는 일부 답사객들만 드물게 찾아왔을 뿐이었다. 태종무열왕릉에서 서악동 삼층석탑까지의 거리는 불과 300미터 정도이지만, 크고 작은 잡목들이 시야를 가로막고 있어 보이지도 않는 데다가, 울타리로 가로막혀 있어서 삼층석탑을 보려면 다시 무열왕릉 정문으로 나가서 길을 둘러와야 했다. 상황이 이렇다 보니, 서악동 고분군을 그토록 많은 여행객들이 찾아와도 지척의 거리에 있는 서악동 삼층석탑과 선도산 고분군을 함께 방문하는 경우는 거의 없었다. 삼층석탑과 선도산 고분군은 선도산 일대를 방문하면 꼭 찾아볼 만한 귀중한 문화재이지만 대중들의 접근을 전혀 기대하지 않는 모습이었고, 이래도 되나 싶을 정도로 내팽개쳐 둔 상태였다. 진병길 원장은 서악마을에 올 때마다 그런 상황이 너무 불편했다고 한다. 그는 30여 년간 경주의 골골을 다니면서 묻혀 있고, 굴러다니며, 천대받고 무시당하던 문화재가 정성을 쏟고 온기를 불어넣으면 금세 그 빛과 위엄을 되찾을 수 있고, 뒤늦게라도 대중들은 합당한 재평가를 하게 된다는 사실을 경험으로 알고 있었다. 그는 자연스럽게 서악동 삼층석탑과 선도산 고분군에 새로운 생명을 불어넣어 보자는 결심을 하게 된다.

2011년에 신라문화원은 서악동 삼층석탑을 문화재 돌봄 대상 문화재로 올리고, 주변의 잡목과 풀을 제거하는 작업을 시작했다. 오랫동안 사람의 손길이 닿지 않은 땅은 돌과 고목의 뿌리가 깊게 얽혀 있었다. 게다가 대나무가 높이 자란 공터에는 그간 사람들이 버려온 생활쓰레기가 넘쳐났다. 서악동 삼층석탑 아래쪽 도로를 정비하는 과정에서는 땅속에 묻혀 있던 쓰레기와 베어 놓은 대나무를 10

톤 넘게 처리하는 작업을 먼저 해야 했다. 한정된 예산과 인력으로 이 일을 진행하려니 한 번에 일을 끝낼 수가 없었고, 여유가 생길 때마다 달려들어서 조금씩 진행한 결과 서악동 삼층석탑 주위 40미터 반경의 대나무와 잡목과 돌을 제거하고 비탈을 평탄하게 다듬는 데에만 2년이 걸렸다. 무성하게 자라나 시야를 온통 가리고 있던 대나무 숲을 제거하자 비로소 서악동 고분군에서도 삼층석탑의 탑신이 눈에 환하게 들어왔다. 삼층석탑과 도봉서당은 주차장을 사이에 두고 있는데, 2014년에는 도봉서당 뒤편으로 가는 도로를 정비하고, 석탑 주변 배수로를 정비하며 주차장에 흙과 자갈을 깔았다.

서악동 삼층석탑 정비 사업의 일환으로 탑 주변의 사유지 밭은 장기 임대하여 꽃을 심기로 했는데, 2013년에 안동에서 가져온 국화가 진초록 잎사귀 사이로 노란 꽃망울을 터트리자 비로소 서악동 삼층석탑이 오랜 잠에서 깨어나 기지개를 켰다. 진병길 원장은 국화를 3년 동안 심으면서 서악동 삼층석탑의 고요한 분위기에 비해 국화의 진한 노란 색이 너무 강렬하다는 느낌을 받았던 터였는데, 옥산서원에서 문화재 활용 프로그램을 진행하다가 만난 참가자에게서 구절초 차를 선물로 받고 전라북도 부안 변산반도에서 자라는 구절초 이야기를 듣게 되었다. 하얀색 청초한 꽃잎이 노란 국화보다 탑 주변에 더 어울릴 것이라 판단한 그는 2016년에 변산반도를 직접 찾아가 27,000 송이의 구절초 꽃뿌리를 구해와 탑 주변과 마을에 심기 시작했다. 변산반도의 구절초를 가져온 데에는 영호남의 화합을 기원하는 의미도 담겨 있었다. 구절초가 피는 10월에는 서악동 삼층석탑, 도봉서당, 선도산 고분군이 한데 어우러져 아름다운 조화를 이루며 멋진 풍경을 연출한다. 폐허였던 공간은 이제 문희공원이라 이름 붙여서 옛 '보희, 문희의 꿈 이야기' 설화와 더불어 새롭게 태어나 꽃과 함께 여행객들을 맞이한다.

구절초 꽃밭을 조성하는 일은 꽤나 수고스럽다. 이른 봄에는 흙을 갈아주고 이랑을 만들어 비닐로 덮은 후 모종을 하나하나 심어서 뿌리가 잘 내릴 때까지 적절히 물을 주어야 한다. 게다가 1년에 5번 정도 잡초를 뽑아야 하고, 물에 민감한 구절초의 특성상 장마철에는 낭패를 보기도 한다. 그래서 찰흙 같은 토질을 개량하기 위해 2018년부터 2019년까지 형산강 모래와 자갈을 땅에 깔아 물이 잘 배출되도록 조치했다. 이렇게 정성을 들여야 비로소 가을바람이 선선한 10월 중순에 흰 꽃망울이 피어나는 모습을 볼 수 있게 되는 것이다.

신라문화원은 서악동 삼층석탑 주변 뿐만 아니라 서악마을의 빈 터, 길가, 골목 곳곳에 구절초를 심었다. 구절초가 서악마을을 하얗게 물들이는 10월이 되면, 언제부터 인가 사람들은 꽃밭 사이를 취한 듯이 걷기 시작했다. 사람들의 입에서 입으로 전해진 서악마을 구절초 꽃밭 거닐기는 그 자체로 하나의 축제가 되었다. 구절초 축제는 여타 지역의 축제와는 달리 큰 비용을 들여 장식하거나 먹을거리 장터를 열어 떠들썩하게 호객행위를 하지 않는다. 관의 지원 없이 민간단체가 주최하는 이 행사는 소박하고 간소한 성격을 가지고 있다. 상업적인 축제를 열지 않아서 오락거리는 별로 없을지 모르나, 이 기간 동안 하루 평균 3,000여 명의 방문객이 구절초 꽃밭과 음악회를 보

서악마을의 오늘

기위해 찾아오고 있다. 그 숫자는 해마다 늘어나고 있다.

꽃을 보기 위한 사람들의 방문이 늘어나자 신라문화원은 2017년부터 2018년까지 KT&G의 지원을 받아 서악동 삼층석탑 아래 빈터와 도봉서당 주차장을 공연장으로 꾸며 구절초음악회를 개최했다. 비스듬한 산지를 따라 삼층석탑도 있고, 꽃도 피어 있는 경관을 배경으로 하고, 관중들도 빙 둘러 앉거나 서서 음악을 감상할 수 있는 공간에서 열리는 구절초음악회는 가을 정취에 어울리는 국악, 클래식, 재즈, 대중음악 등의 장르로 음악을 선정해서 흥겹지만 세련된 분위기 속에서 구절초와 고택과 삼층석탑과 왕릉이 어우러지는 황홀한 분위기를 제공한다. 서악마을 부녀회가 나서서 행사장 한편에 차와 막걸리, 파전, 어묵 등 간단한 음식을 사 먹을 수 있도록 준비하고, 주민들이 행사의 이모저모를 자원봉사로 참여하여 돕는다. 구절초 음악회가 성공적으로 진행되고 뜨거운 반응이 일어나자 지속적으로 이어갈 수 있도록 2018년에는 경주시 관광과에서 이동식 무대를 제공하였고, 2019년부터는 경주시가 음악회를 지원하기 시작했다. 2022년에는 경주시 한옥집단마을 정비사업 대상이 되어 샛골마을을 넘어 큰마을, 능남마을, 장매마을 등에서도 담장 페인트 작업이 이루어졌고, 샛골마을에서는 연못과 죽궁장 정비, 안내판 설치, 캐릭터 조성 등이 이루어졌다. 서악동 삼층석탑 주변에 구절초, 작약, 꽃무릇을 심고 가꾸는 사업은 2022년부터는 경주시의 '황금정원 가꾸기 사업'을 통해서 진행되어 왔다. 이렇게 지자체의 지원이 이루어지자 행사 규모를 좀더 확장하고 공연 횟수를 늘릴 수 있게 되었다. 민간 차원에서 필요한 일을 어떻게든 시작하고, 물꼬를 트자 그 내용을 보고 지자체 차원의 지원이 이루어져서 규모나 지속성을 확보할 수 있게 되는 선순환이 이루어진 것이다.

관련 부처의 이런 지원과 협력은 꽃밭 조성을 놓고 긴장 관계에 있었던 기억을 떠올리면 엄청난 변화인 셈이다. 문화재돌봄센터 활동 시절부터 유적 주변에 꽃밭을 넓게 조성하는 문제를 두고 담당 사무관이나 평가위원들의 지적이 있었다. 주어진 예산의 목적사업을 벗어난 것은 아니었지만, 주변 경관 조성에 너무 매달리는 것 아니냐는 것이었다. 진병길 원장은 평가 점수를 까먹는 한이 있더라도 이 사업은 시간이 지나면 반드시 그 진가가 나타날 것이라며 당분간 불이익을 감수하면서도 방향을 고수하겠다는 입장을 분명히 했다. 그 결과가 서악마을 사업이 정부혁신 사례로 꼽히는 결과로 나타났고, 이제는 지자체 등이 홍보하는 성공적 사례가 되었으니, 격세지감이 아닐 수 없다.

2018년부터는 부처님 오신 날 보름 전에 서악동 삼층석탑 폐사지에서 봉축등 점등식과 탑돌이 행사를 진행하고 있다. 행사 한 달 전부터 등을 접수 받고, 행사 날에 점등식을 진행한다. 등은 행사가 시작되는 날부터 부처님 오신 날까지 2주간 달아놓는데, 처음에는 130여 개가 달리던 등이 2022년부터는 270여 개가 달리고 있다. 이 등은 삼층석탑 주변 작약 꽃과 어우러져 지역 주민과 관광객들에게 다채로운 볼거리를 선사한다. 탑 주변에 등을 달면 저녁 시간에 선도산 일대에는 전혀 새로운 분위기의 야경이 연출된다. 불교 신자들에게는 신앙적 행위가 되지만, 불교식 연등이 아닌 사각등을 준비해서 제공했더니, 다른 종교를 갖고 있는 사람들도 독특한 야간 문화행사의 일환으로 선뜻 함께하는 경우가 많았다. 매년 이 행사를 찾는 이들 중 기독교 장로인 분들이 있는데, 이들은 등은 달지 않지만, 즐겁게 동참하고 마을을 위해 기꺼이 후원금을 내어놓고 있다. 마치 커플들이 명소에 가서 사랑의 자물쇠를 사서 달거나, 문화행사에 기부하는 행위와 다르지 않은 느낌으로 참여하는 것이다. 문화재를 활용한 행사에서는 특정한 종교적 배경이 참여에 장애물이 되지 않도록 배려하는 기획이 더 필요하다는 것을 깨닫게 된다. 등을 달아서 얻은 수익금은 주민들을 위한 경로잔치와 서악마을 가꾸기에 사용된다. 서악동 삼층석탑이 마을의 중심 문화자원으로 자리 잡으면서 지역 주민들은 이를 아끼고 활용하는 행사에 자원봉사로 함께 참여하고, 신라문화원의 활동을 주목해오던 전국의 후원자들도 방문하며 즐기는 기회가 제공되고 있다. 이런 행사를 통해 서악마을은 '문화재가 있어 즐거운 마을'이란 긍정적인 의미를 체감하고 있는 중이다.

삼층석탑 주변 정비 전 모습

선도산 고분군

신라문화원은 서악동 삼층석탑 주변을 2년간 정비하는 한편, 2013년부터는 서악마을 동쪽 산등성이와 비탈을 따라 군락지를 이루고 있던 대나무와 아카시아나무를 제거했다. 서악동 삼층석탑은 보물로 지정되어 있어서 그 주변을 정비하는 데 명분이 있었지만 정비 반경을 더 넓혀가자 일부 사람들은 회의적인 반응을 보였다. 그곳 야산에는 비지정문화재인 고분 20여 기가 스러져가고 있을 뿐이었다. 문화재과에서는 사적에 대한 관리 매뉴얼만 있을 뿐, 그 사적의 외부나 비지정문화재 사적을 정비하는 일에 대해서는 행정 규범이 없고 1년에 한 번 벌초작업을 하고 있을 뿐이었다. 작업 초반에는 주민들의 반대도 있었다. 나무를 베어내면 비탈의 토사물이 마을로 흘러내리고 심각하게는 산사태가 일어날 수도 있다는 이유였다.

그렇지만 진병길 원장은 서악동 삼층석탑과 선도산 고분군 주변의 정비는 꼭 필요한 것이라 보았다. 문화재는 문화재 자체의 존재감 못지않게 주변과의 조화와 균형도 중요하기 때문이다. 특히 오늘날 여행자들의 심미안이 높아진 만큼, 서악동 삼층석탑으로 가는 길과 삼층석탑에서 바라보는 경치가 쾌적한 시야를 확보함으로써 깊은 안정감과 일체감을 줄 수 있을 때라야 여행자들의 발길을 이끌어낼 수 있다고 보았다. 그리고, 여행지로서의 가치를 논하기 전에, 우거진 아카시아나무와 대나무는 이미 산비탈을 내려와 마을을 뒤덮을 기세로 번성하면서 마을 전체에 짙은 그늘을 드리우고 있었다. 마을 주민들의 쾌적한 환경을 위해서라도 이 나무들을 빨리 베어내는 것이 필요했다. 진병길 원장은 문화재과와 논의하고 주민들을 여러 번 설득했다. 결국 첫 해에는 시범적으로 삼층석탑에서 가까운 비탈의 일부 대나무를 베어 내기로 결정했다. 대나무를 잘라내되 뿌리는 남겨두어 이듬해에 죽순이 올라오면 제거하는 방식이었다. 이를 통해 시야도 한층 넓어지고 시원해졌고, 흙이 흘러내리는 것도 막을 수 있게 되자 어둑했던 마을이 환해졌다며 주민들이 마음을 열고 응원해주었다. 이런 반응에 힘을 얻은 신라문화원은 서악동 삼층석탑 주변에 이어 2013년부터 2019년까지 선도산 고분군 주변을 정비할 수 있었다.

산등성이와 비탈의 선도산 고분군 일대의 대나무와 잡목을 제거하는 작업은 주로 겨울에 이루어졌다. 신라문화원은 문화재보호기금법 제정(2009년)에 따라 2010년부터 문화재 상시관리 활동 사업단(2014년 경북남부문화재돌봄사업단으로 명칭 변경, 이후 '문화재돌봄사업단'으로 통일)을 운영하고 있었다. 문화재돌봄사업단은 봄부터 가을까지 현장을 누비며 문화재 상태를 모니터링하고, 경미 보수와 일상적인 관리 활동을 한다. 겨울에는 문화재의 특성상 관리 보수가 불가능하므로 일상관리와 모니터링에 집중한다. 진병길 원장은 이때를 이용해서 문화재돌봄사업단과 함께 2011년부터 2019년까지 겨울마다 잡목 제거 작업을 진행했다. 서악서원, 도봉서당, 서악동 삼층석탑을 비롯한 서악마을 일대를 변화시키는 과정에서 문화재돌봄사업단은 묵묵히 맡은 바 소임을 감당해 냈다. 문화재돌봄사업단은 서악마을을 변화시킨 숨은 주역들이다.

선도산 고분군 정비 전
대나무 숲이 가린 모습

선도산 고분군 정비 후
고분이 보이는 모습

겨울에 나무를 베어내는 작업은 정말 어렵고 힘든 일이다. 작업자들은 추운 날씨에도 땀을 많이 흘려 감기와 몸살에 걸리기 일쑤였다. 10-15m에 이르는 대나무는 자르기도 어려웠으며, 작업중에 자른 나뭇가지가 튕겨나와 위험한 상황을 만들기도 했다. 특히 아카시아나무 뿌리와 소나무 그루터기, 큰 돌들이 봉분 주변에 있어 고분의 미관을 해쳤고, 제초 작업을 할 때는 하루에 칼날이 2~3개씩 날아갈 정도로 위험했다. 사람의 힘으로는 땅속 깊이 파 들어가서 소나무 그루터기와 아카시아나무 뿌리, 흩어져 있는 큰 돌들을 캐내는 건 한겨울이 아니라도 거의 불가능했다. 고심 끝에 진병길 원장은 문화재 발굴 전문가의 조언을 받아 굴삭기를 동원하기로 결정했다. 비지정 문화재이기는 하지만 문화재급 고분에 굴삭기를 사용하는 것은 보통 허용되지 않는 일이었다. 그러나 이런 방식으로 계속 작업을 하다가는 문화재돌봄 직원들의 안전사고 위험이 높았다. 결국 진병길 원장은 우여곡절 끝에 굴삭기를 동원하여 2년 동안 돌과 나무 뿌리 제거 작업을 진행하게 되었다.

2017년에는 산비탈 대나무 숲을 제거하는 과정 중에 새로운 고분을 발견했다. 잠잠히 역사 속에 묻혀 있던 이 고분은 봉분을 다듬고 잔디를 심는 복원작업을 통해 다시 천 년 전 모습을 일부 되찾게 되었다. 하마터면 대나무 숲에 가려 영영 잊혀 버렸을 이야기가 하나 새로 생긴 셈이다. 그 다음 해에는 KT&G의 지원을 받아 세 개의 고분에 잔디를 식재할 수 있었다. 이와 비슷한 시기에 대나무 제거 작업은 거의 완료되었지만, 산자락 끝의 마지막 집 뒤편에 자리

한 대나무 숲 두 곳은 남겨두어야 했다. 주인이 토사물이 내려올 수 있다며 완강히 반대했기 때문이다. 진병길 원장은 2년에 걸쳐 집주인을 찾아가 설득하여 한 집은 토사 문제가 없음을 설득했고, 다른 한 집은 옹벽을 설치해주는 조건으로 대나무 제거 작업을 완료할 수 있었다. 대나무가 없어지면서 서악동 고분군과 선도산 고분군은 이제 멀리서도 훤히 보이게 되었고, 서악마을 전체가 시각적으로 거침없이 쾌적하게 한눈에 들어오게 되었다. 산비탈에서 베어낸 대나무는 대부분 경주 정월대보름 달집 태우기 행사에 사용되어 화를 물리치고, 복을 비는 취지에 적합하게 사용되었다. 폐기물 쓰레기가 되었을 대나무가 선순환 가능한 자원이 된 셈이다.

　지난 10년여 동안 신라문화원은 서악동 삼층석탑 주변과 서악마을 동쪽과 남쪽 산자락의 잡목을 제거하고, 헐벗은 봉분에 잔디를 심으며, 삼층석탑에서 선도산 고분군을 지나 마을로 이어지는 숲길을 닦았다. 또한 산비탈에는 구절초 꽃밭을 조성했다. 이렇게 조성된 산자락은 해마다 구절초를 심어 가꾸며, 대나무 죽순을 잘라내고 봉분의 잔디를 다듬으며 자라나는 잡목을 제거하는 등의 지속적인 관리가 필요하다. 이 모든 노력의 결과, 선도산 고분군 일대는 소박하면서도 우아한 숲공원으로 변모하였다. 아름다운 소나무와 우아한 고분군이 조화롭게 어우러지며 그 사이로 계절에 따라 다양한 꽃이 피어난다. 서악마을을 찾는 방문객들이 3월의 진달래, 4월의 연산홍과 벚꽃, 5월의 작약, 6월의 코스모스, 7월과 8월의 연꽃, 9월의 꽃무릇, 10월의 구절초와 코스모스 등 계절마다 피어나는 꽃과

어우러진 서악의 아름다운 풍경과 문화유산을 한껏 음미할 수 있기
를 바란다.

서악동 고분군 뒤편(보희연못, 죽궁장)

　서악동 삼층석탑과 선도산 고분군의 정비 작업이 한창이던 2014년, 신라문화원은 서악동 삼층석탑에서 서악동 고분군으로 이어지는 공간에도 관심을 기울였다. 도로변에서 시작되는 무열왕릉을 포함한 서악동 고분군이 끝나는 지점은 서악마을과 선도산 사이의 경계선과 맞닿아 있고, 거기가 삼층석탑과 선도산 고분군이 시작되는 지점이기도 했다. 지금까지 이야기해 온 서악마을의 큰 세 덩어리 지역이 다 만나는 지점이 서악동 고분군의 끝자락이다. 현재는 서악동 고분군은 울타리로 구분되어 있고, 후문을 하나 만들어 놓아서 관람객이 그쪽에서 나올 수는 있지만, 여행자가 서악동 고분군으로 진입을 할 수는 없는 상태이다.

　이 지점에는 오솔길 양편으로 마을 주민들이 일구어 온 작은 텃밭들이 옹기종기 흩어져 있고, 작은 저수지가 하나 있고, 선도산을 오르는 가파른 길이 나온다. 마을과 산의 경계를 나누는 오솔길을 따라서 텃밭, 저수지, 그리고 왕릉이 이어져 눈앞에 펼쳐지는 풍경이라면 목가적이고 낭만적인 느낌이 상상되겠지만, 실제 현실은 그렇지 않았다. 선도산 쪽의 유휴지에는 수풀과 잡목이 무성하게 자라 있었고, 급수 기능을 멈춘 저수지에는 산에서 내려온 퇴적물이 쌓여 있었으며, 서악동 고분군의 울타리 바깥쪽에는 덤불과 관목이 시야를 가로막고 있었다. 게다가 저수지와 산비탈, 그리고 사적지 후문이 만나는 작은 빈터에는 사적지 내부에서 베어다 버린 나무와 풀이 가득 쌓여 썩어가고 있었다. 당시 사적 관리 당국이 울타리 밖의 외부 환경에 얼마나 무관심했는지를 엿볼 수 있는 대목이다. 신라문화원은 2014년에 10톤이 넘는 쓰레기를 버리고, 마사토 10톤 정도를 깔아 공원을 하나 새로 조성했다. 경주시에서는 거기에 벤치 4개를 설치해서 쾌적한 작은 공원으로 만들 수 있었다.

유휴지는 수풀을 제거하고 자갈과 모래를 사용하여 평탄하게 다듬었다. 그 후에는 이곳을 장기 임대하여 문화재돌봄사업단의 야외 와공 교육장, 목공 작업 창고, 기와 및 다른 자재 적재장, 주차장 등으로 활용했다. 나머지 공간에는 신라문화원의 문화재 활용 프로그램 중 하나인 활쏘기 배움터(죽궁장)을 만들었다. 화랑도 정신을 이어가는 체험장으로 활용하기 위함이었다.

저수지는 조선시대에 농업용수를 공급하기 위해 만들어졌다가 다른 관개 시설이 발달하면서 사실상 저수지로서의 기능을 상실한 상태였다. 배수가 원활하지 않아 계곡에서 내려온 퇴적물이 두텁게 쌓여 검게 썩어가는 상황이었다. 신라문화원은 굴삭기와 인력을 동원하여 퇴적물을 건져내고 둑의 일부를 다시 정비하였다. 이때 건져낸 퇴적물은 따로 보관했다가 2년 뒤 유휴지에 거름으로 활용했다. 새롭게 정비된 저수지에는 전라남도 무안에서 가져온 연꽃을 심고, 둑에는 코스모스를 심었다. 또한 보희설화에서 영감을 얻어 저수지를 '보희연못'으로 이름 지었다. 비록 신라시대 유적은 아니지만, 보희연못은 그럴싸하게 변주된 서사와 함께 주변 문화재들과 어우러져 아름다운 풍경을 만들어냈다. 2017년 태풍으로 인해 보희연못에 다시 퇴적물이 쌓였지만, 신라문화원은 고무튜브와 판자로 만든 쪽배

를 이용하여 이를 제거했다. 또한, 태풍으로 인한 엄청난 퇴적물을
조금이라도 줄이기 위해 2년에 한 번씩 보희연못으로 이어지는 계곡
의 낙엽과 주변 잡목을 제거하는 작업을 진행하고 있으며, 근본적인
문제 해결을 위해 연못 상류에 보를 설치하는 방안을 고려하고 있다.

　서악동 고분군과 보희연못, 그리고 산비탈이 만나는 공터도 정비
했다. 산적한 나뭇가지와 땅속에 묻힌 쓰레기를 치우고, 마사토를 부
어 평탄하게 다듬은 후 경주시에서 지원한 벤치를 배치하고 주변 산
비탈에는 전라북도 정읍에서 가져온 꽃무릇을 심었다. 이렇게 해서
쓰레기가 적치되어 썩어가고 있던 빈터는 서악동 고분군과 서악마을
을 동시에 조망할 수 있는 쾌적하고 아름다운 휴식 공간으로 변모하
였다. 신라문화원은 서악동 고분군의 울타리 바깥쪽의 잡목을 제거
하였으며, 위쪽 산비탈도 해마다 영역을 조금씩 확장하며 무성한 아
카시아나무와 관목을 제거했다. 또한 2017년에는 KT&G의 지원을
받아 굵은 철선으로 만들어져 위압감을 주던 서악동 고분군의 울타
리를 나무로 교체하였고, 2019년에는 경주시에 요청하여 서악동 고
분군과 마을사이를 막고 있던 철제 후문을 나무로 교체하여 울타리
로 인해 내외가 분리된 느낌을 완화시키며 주변 정비를 계속 했다.

　2011년부터 7년여 동안 끊임없이 이어진 정비 작업 덕분에 서악동
고분군과 서악마을은 서로를 한눈에 조망할 수 있는 기회를 얻게 되
었다. 여행자들은 서악동 고분군에서 서악마을을 바라보고, 서악동
삼층석탑이나 선도산 고분군에서도 서악동 고분군을 조망해보는 것
이 가능해졌다. 일상 풍경이 펼쳐지는 마을의 생활 현장과 고분과 석

탑이 어우러져 만들어내는 피안의 풍경은 대비를 이루며 미묘한 긴장
감을 형성한다. 서로 다른 시공간이 공존하는 이런 풍경 속에서 문화
유산은 자연스럽게 우리의 삶으로 스며드는 것이 가능해졌다. 서악마
을은 비로소 진정한 의미에서 '문화재가 있는 마을'이 된 것이다.

　약 14년의 기간 동안 신라문화원은 이런 작업을 우직하게 진행해
왔고, 놀라운 성과를 만들어 놓았다. 신라문화원은 주로 문화재청이
주최하는 문화재활용프로그램을 운영하며 이사회와 후원회원의 회
비와 후원자 및 기업의 기부금으로 운영비용을 충당하는 비영리 민
간단체이다. 서악마을 가꾸기에 일조한 문화재돌봄사업단(문화재
청, 경상북도)과 어르신 일자리 사업 기관인 경주 시니어클럽(보건
복지부, 경상북도, 경주시)은 별도의 국비지원금으로 운영되고 있
다. 얼핏 생각해도 살림살이가 넉넉해서 자원을 한껏 투자할 상황
은 아닌 것을 짐작할 수 있다. 주어진 재원과 업무 범위 내에서 한정
된 자원을 배분해서 사업을 집행해야 하는 입장일 것이다. 서악마을
의 문화재돌봄사업이 진행된 과정을 살펴보면 그 범위도 감당할 수
있는 최대치로 잡아서 해왔고, 원래 부여된 업무의 규모를 넘어서서
연관된 일을 스스로 만들어가며 일을 해 온 것이 명확하게 보인다.
문화유적 몇 군데를 관리하라고 했더니 마을 전체를 완전히 뒤바꾸어
놓은 셈이다. 일반적으로는 민간단체가 이렇게 일을 하지도 않을뿐더
러, 할 엄두도 내지 않을 텐데, 매우 매우 이례적이다. 서악마을은 한
지역에 관리 대상 문화재가 12개 소나 집약된 전국적으로도 드문 공
간이다. 업무를 관행적으로 다 쪼개서 처리하기 보다는 마을 전체를

놓고 어떤 방식이 가장 효과적일지 사업을 새롭게 그려본 것이다.

자신들이 하고 있는 일에 대한 근본적인 애정과 이를 열정적으로 수행하려는 태도가 기본으로 장착이 된 것이 아니고서는 설명하기 곤란하다. 그런 태도가 늘 좋은 평가를 받지는 못할 것이다. 진병길 원장은 문화재돌봄사업단 예산을 꼼꼼하게 분할하여 서악동 정비에 최대한 사용하였으며, 문화재돌봄사업단 사업이 좀 쉽게 되는 겨울철에도 작업을 위해 인력을 동원하기도 했다. 이 때문에 문화재돌봄사업단의 예산과 인력이 서악동에 과도하게 투입된다는 지적을 문화재청 담당자로부터 받기도 했다고 한다. 신라문화원 측은 서악마을 사업은 문화재 관리와 활용을 두고 관리감독을 하는 기관과 현장의 필요를 보는 단체의 입장 차이에서 비롯되는 측면도 있어서 어느 정도의 비판적 긴장 관계는 불가피하게 감수할 부분이라고도 했다. 길게 봐서 옳은 방향이라면 이로 인해 불이익이 좀 있더라도 억울해 할 것은 아니고, 지속적인 설득과 토론이 필요한 일이라 받아들였다. 이런 시도는 2019년 제1회 대한민국 정부혁신박람회에 문화재청의 혁신사례로 서악마을이 선정됨으로써 그간의 노력이 헛되지 않았고, 민간단체와 정부기관의 협업의 새로운 혁신 사례로 인정받았다. 향후에 문화유산의 관리를 위한 새로운 패러다임이 제시되려면 기존의 관행을 넘어서는 누군가의 시도들이 있어야만 경계가 넓어지고, 평가 기준이 다듬어지지 않겠는가 생각할 때 신라문화원의 도전과 성취는 곰곰이 새겨보아야 할 부분이 많아 보인다.

신라문화원의 사례를 들여다보면서 고민해야 할 문제는 여럿이다. 예를 들어, 이들의 사례가 긍정적이라면 다른 문화재 주변을 정비하려고 할 때, 거기에 참여하는 민간단체는 '제2의 신라문화원' 같은 역할을 벤치마킹 하면 되는 것일까? 민간단체가 주도적으로 사업을 진행하면서 궁극적으로는 정부의 정책이나 지원 전략이 변화되는 정도까지 나아가려면 그 과정에서 서로 어떤 태도로 협업해야 하는 것일까? 이러한 문제들은 정해진 정답이 따로 있는 것이 아니라, 정부 부처와 현장 조직이 서로의 목소리를 경청하면서 해결책을 찾아 나가야 할 중요한 사안이다. 신라문화원은 지금도 서악마을을 어떻게 더 가꿀 것인가를 고심하며 과감하게 활동하고 있다. 계속 곱씹을 질문거리를 던져주면서 말이다.

서악동 고분군 뒤편은 방치된 공간이었다.
벤치를 만들고, 보희연못을 정비하고,
아름다운 산책길을 만들었다.

정비된 한옥펜션 서악연가 전경.
앞으로는 보희연못과 서악동 고분군이,
배후로는 선도산 고분군이 펼쳐져 있다.

서악마을
가꾸기 사업

서악의 중심부를 차지하는 샛골마을은 80여 채의 주택에 많게는 100여 가구가 모여 살고 있다. 그중 토박이들은 주로 인근에서 논 농사와 비닐하우스 등을 하고 있고, 경주시내로 출퇴근하는 직장인 들이 간간이 입주하고 있다. 서악마을의 정체성은 도시 근교의 농촌 마을이며, 여기에 더하여 경주의 여러 지역과 마찬가지로 '문화재 보호구역'으로 지정되어 있다. 1962년에 제정된 문화재보호법과 1971년의 경주관광종합개발계획 등은 경주의 문화재를 체계적으로 발굴하고 복원하여 경주를 대표적인 문화관광 도시로 성장시키는데 크게 기여했다. 그러나, 경주는 시내 및 인근 지역이 문화재 보호구 역으로 지정되면서 주민들은 개발이 제한되고 재산권이 제약 받는 불편함과 손실을 견뎌야 했다.

서악마을 역시 태종무열왕릉 사적지구에 포함되면서, 집을 마음 대로 짓거나, 고칠 수가 없고 제약이 많이 생긴다. 반면 주민들이 이 를 따른다고 해서 얻는 이익은 별로 없었다. 정부의 지원금이나 보상금도 없었으며, 관광 수익은 관광객을 상대하는 소수의 음식점과 숙박업소에게 돌아갔다. 상황이 이렇다 보니, 경주시민들은 전반적으로 외부인에 대한 경계심과 특히 문화재 관련 단체에 대한 불신 등을 갖기 쉬웠다. 주민들은 재산권 행사에 제약을 받는데, 그런 문화재를 빌미로 불편을 끼치는 일을 계속 만드는 사람들이 아니냐는 인식이 선뜻 가시기 어려운 것이다.

신라문화원이 서악마을을 처음 방문했을 때에도 상황은 별로 다르지 않았을 것이다. 주민들의 부정적인 인식과 반응을 상쇄하고 마음을 얻는 일이 가장 시급한 일이었다. 다행스러운 것은 마을에 있는 서악서원과 도봉서당 등의 위탁운영 요청을 계기로 마을에 들어왔다는 것과 문화재가 밀집된 서악마을의 특성을 감안해서 문화재 주변만 정비하지 않고 마을 전체를 '문화재 마을'이란 관점에서 일을 진행해 온 진병길 원장의 노력으로 눈에 보이고 손에 잡히는 변화들이 일어나자 호응이 점점 좋아지게 되었다는 사실이다. 물론 개인적 이해관계가 충돌하는 당혹스러운 상황은 종종 벌어지는 일이다. 2017년 2미터 정도 꺼져 있는 하천부지에 방치되어 있던 공터를 정비할 때의 일이다. 수십 년 동안 쌓여 있던 쓰레기를 치우고, 흙을 채워서 깔끔하게 주차장 부지로 정비를 해 놓았는데, 그 부지 옆에 살던 마을 주민이 여기는 자신이 그동안 텃밭으로 일구어 온 곳이라며 경작권을 주장했다. 신라문화원은 주민의 주장도 일리가 있고, 굳이 분란을 일으킬 일은 아니라는 판단에 부지를 양보했다. 사업 현장에서는 언제나 이런 변수들이 존재하곤 한다. 어쨌든 공터

의 쓰레기는 사라지고 텃밭이 들어섰으니 마을 가꾸기의 큰 흐름과
궤를 같이하는 결론인 셈이었다.

마을 가운데에 2층으로 건축 예정이었던 집의 주인이

마을 경관을 고려해서 설계를 변경해

1층으로 집을 짓는 놀라운 일이 벌어졌다.

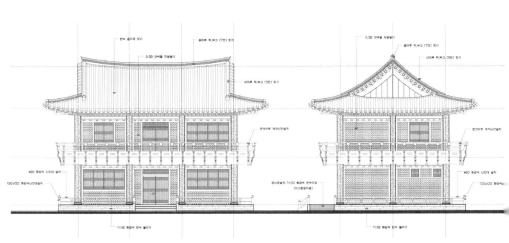

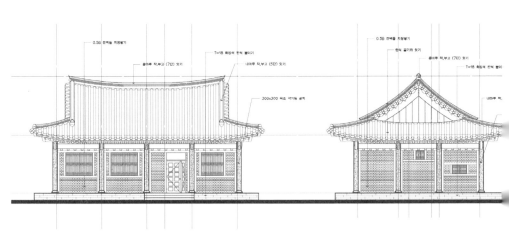

사업을 제대로 하려면 마을에 들어와 살아야 한다는 생각에
초창기에 마련한 돌봄 사업단 사무실 겸 경주고택 관리동 모습

2015년에 서악동 삼층석탑과 선도산 고분군의 정비를 진행하던 무렵, 신라문화원은 서악마을 중심에 자리하고 있던 한 주택을 확보해서 경주고택 관리동과 경북남부문화재돌봄사업단 현장사무실로 개조했다. 이때 가장 먼저 한 일이 사람들이 지나다니면서 마당을 볼 수 있도록 담장을 낮춘 일이었다. 그리고, 차가 원활하게 통과할 수 있도록 담장 모퉁이를 둥글게 다듬었다. 이를 본 건물 옆의 텃밭 주인도 담장과 어우러지게 텃밭 모서리를 다듬어 길을 더 넓게 쓸 수 있도록 배려해 주었다. 2016년에는 경주고택 관리동과 큰 길을 마주하는 집 주인이 관리동의 개조 작업과 마을의 변화상을 보고 자신의 집도 새로운 한옥으로 건축하였다. 주민들이 마을의 변화를 좋게 보고 자발적으로 배려를 해주고, 변화에 동참하는 행보를 보여주는 것을 경험하면서 진병길 원장은 조금씩 새로운 변화를 시도하였다.

2015년에 신라문화원은 경주고택 관리동 뒤뜰을 정비하여 문화재돌봄 사업단의 현장 사무실을 마련했고, 이어서 서악서원과 경주고택 관리동 사이에 폐 우사를 하나 장기 임대하여 '문화재돌봄사업단 교육장'으로 개조하였다. 이곳에서는 전통 목공, 미장, 번와, 조경, 보존 처리 등에 대한 전문 교육을 정기적으로 실시하였다. 이 교육장은 한국문화재돌봄협회의 교육 프로그램을 진행하는 공간으로도 사용되어서 전국적으로 교육을 받기 위해 찾아오는 곳이 되었다. 교육 수요가 늘어나면서, 2021년에는 인근의 폐 우사를 하나 더 임대해서 '서악문화공간'으로 만들었다. 그곳은 그때까지도 소를 키우고 있던 공간이었는데, 주인을 2년간 설득해서 마을 한가운데서 소를 키우면서 발생하는 악취와 오폐수 문제 등을 계속 감수하기보다 마을 가꾸기를 위해 용단을 내려 주기를 청해서 주인이 응해준 곳이다. 처음에는 신라문화원 창고 공간으로 사용하려고 했는데, 공간이 크고 위치가 좋아 강의실 겸 문화공간으로 조성했다. 예정보다 비용이 더 들어갔지만 지금은 전시장, 세미나, 학생 체험공간 등으로 잘 활용하고 있다. 여기서는 현재 매주 목요일마다 60여명이 모여 인문학 강좌를 진행하고 있다. 문화재청의 혁신위원회 워크숍, 한국여성기자협회 행사 등 다양한 교육과 행사 공간으로도 활용되고 있다. 신라문화원은 서악마을의 폐건물이나 방치된 공간을 하나씩 임대해서 멋지게 리모델링 하고 새로운 용도로 활용하고 있다.

이런 리모델링은 건물의 구조를 바꾸는 것만 아니라, 색깔도 바꾸어서 마을의 분위기를 산뜻하게 변화시켜 나가는 기회로 활용했다. 경주고택 관리동의 담벼락을 흰색 페인트로 도장하면서, 주변 집과 경로당의 벽체와 담벼락도 함께 도색했다. 서악서원에서 경주고택 관리동으로 이어지는 뒷길에 위치한 농가의 허물어진 담벼락을 신속하게 일으켜 세워주고 페인트를 칠했다. 실내교육장 옆에는 오래 방치된 마을 거름터가 있었는데, 이 곳에도 담을 쌓고 페인트를 칠하여 보기 좋게 정비하였다. 서악서원을 잘 운영하려면 주변의 공간과 길도 신경을 써야 하고, 진입하는 길 주변의 건물의 높이와 담이 깔끔하게 정비되고 도색되어 있는지도 살펴가며 전체적인 분위기를 조성하는 것이 필요했다. 기존의 사업 안에서 허락되는 일이라면 최대한 감당하는 것이 맞다고 생각했다.

　이처럼 신라문화원은 먼저 직접 관리하고 운영하는 경주고택 관리동과 실내교육장 주변을 깔끔하게 정비하였다. 얼핏 보면 현장 사무실 주변을 정돈하는 일상적인 작업으로 보일 수 있지만, 진병길 원장은 '문화재가 있는 마을'은 그 문화재를 둘러싼 마을 전체에서 구현된 골목, 지붕, 그리고 담벼락의 선과 색을 통해 완성된다고 생각했다. 단순히 문화재가 하나 덩그러니 있다고 해서 '문화재가 있는 마을'이 될 수는 없는 것이다. 문화재가 주변의 환경과 겉돌고, 시각적으로 혼잡스럽고, 선과 색이 따로 놀고, 불협화음을 일으키며 충돌해서 서로를 갉아먹는 상황이라면 누가 보아도 그것은 '문화재가 있는 마을'이라고 할 수 없을 것이다. 진병길 원장은 주민들이 일상생활을 즐기는 공간이 문화재와 조화를 이루며 공존하도록 가꾸어야 한다고 생각했다. 그는 마을을 굳이 화려하게 꾸미는 것이 도움이 되지 않는다고 생각한다. 여행자들이 어떤 풍경을 사진에 담고 무엇을 마음에 간직할지는 그들 개개인의 선택이다. 진병길 원장은 인위적인 짙은 치장을 걷어내고 소박한 마을의 본질을 드러내어 여행자들이 발걸음을 멈추게 하고자 했다. 그러자면 손님을 맞이할 최소한의 준비가 필요했다. 무너진 골목길의 담벼락을 다시 세우고, 방치된 공터의 잡초와 쓰레기는 치우고, 폐 우사에 뒤집어 씌운 파란색 판넬 지붕은 다른 집의 기와지붕과 같은 검은 색으로 칠하고, 담벽은 흰색으로 칠했다. 지나가는 사람들이 자연스럽게 마당을 들여다볼 수 있는 높이로 담장을 낮추고, 폐건물을 철거하도록 했다. 이로써 서악마을은 소박하지만 정돈된 모습으로 드러날 수 있을 것이라 보았다.

진병길 원장은 2015년 어간을 돌아보면 서악마을 가꾸기 사업을 더 과감하게 추진하기에는 여력이 부족했다고 회고한다. 경주고택관리동과 문화재돌봄사업단은 서악마을 주변을 조금씩 개선하는 것으로 만족해야 했고, 우선은 문화재 부근의 정비에 집중해야 할 시기였다. 그런데 장기적인 과제로 미뤄두었던 서악마을 가꾸기 사업에 새로운 계기가 2016년 가을 어느 날 갑작스럽게 찾아왔다.

마을 사거리 주택의 폐건물은 철거하고,
담장을 새로 만들어서 경관을 정비했다.

산 아래 내려다 보이는 노후된 건물을
철거하고 텃밭을 만든 모습

2016년 9월 12일, 경주 일대에서 최대 진도 5.8의 지진이 두 번에 걸쳐 발생했다. 이는 1978년 지진 관측이 시작된 이래로 한반도에서 가장 강력한 지진이었다. 지역 사회 전반의 피해도 컸지만, 무엇보다 경주와 인근 지역에 산재한 문화재가 얼마나 피해를 입었는지, 어떻게 복구할 것인지가 초미의 관심사가 되었다. 이때 신라문화원의 경북남부문화재돌봄사업단은 즉각적으로 팀을 구성해서 그간 관리해오던 지역 내 문화재의 피해를 신속하게 모니터링하고 필요한 긴급 복구 작업에 바로 착수했다. 그리고 전국의 문화재돌봄사업단이 복구인력을 파견해주어서 놀랄 정도의 성과를 보여주었다. 아마 2010년 이후로 이런 시스템이 갖추어지지 않은 상황이었더라면 소수의 공무원들과 문화재 전문인력들이 투입되어 엄청난 소모전을 펼쳐야 했을 것이고, 시간이 지체되면서 긴급 복구를 못해서 사후 피해가 더 커졌을 것이다. 당시 문화재돌봄협회의 본부가 경주에 있었고, 2015년부터 와공과 목공 교육을 받은 인력들이 배출되고 있었기에 경미수리에 해당하는 업무는 바로 감당할 수 있었던 것이다. 당시 지역 상황을 꿰뚫고 있었던 신라문화원의 활약상은 문화재 당국과 언론의 주목을 한 몸에 받을 정도로 두드러졌다. 이 과정에서 신라문화원은 KT&G의 지진 피해 복구 지원 팀과 인연을 맺게 되었다. 신라문화원은 KT&G의 문화재 보존에 대한 관심을 확인하였으며, KT&G 역시 신라문화원의 신속하고 정확한 업무처리 능력을 주목하였다.

경주 지진 피해 복구가 마무리된 후, 그동안 문화재돌봄사업으로 문화재 주변 관람환경 정비는 할 수 있었지만 마을 환경을 정비하는 문제로 고민을 해왔던 신라문화원은 KT&G 공모 사업에 '서악마을 가꾸기'로 기획안을 제출했다. KT&G는 그동안 사회 환원 사업의 일환으로 상상펀드를 조성해 여러 프로젝트를 후원해 왔다. 신라문화원의 기획안은 KT&G의 지원 대상으로 선정되어 1억 5,500만 원의 지원금을 받게 되었다. KT&G의 지원 덕분에 신라문화원은 2017년부터 본격적으로 서악마을 가꾸기 사업을 진행할 수 있었다. KT&G의 후원 방식은 신속하고 간결했다. 후원금의 지급 규모를 결정하고 지급한 이후에는 사업 현장에 대해 불개입 원칙을 지켰다. 신라문화원은 후원금을 필요한 곳에 사용하고 그 내역과 진행 결과를 제시하면 그것으로 충분했다. 복잡한 절차와 서류, 간섭이 없어지자 서악마을 가꾸기 사업은 그 내용이 더 넓어지고, 속도가 빨라졌다. 관의 사업이 규정과 절차가 우선되어서 속도와 범위에서 늘 아쉬움이 있었으나 기업과의 협업은 이런 면에서는 큰 차이가 있었다. 신라문화원은 숙원사업이었던 마을 가꾸기의 재원 문제가 해결되면서 예산 대비 매우 만족스러운 결과를 낼 수 있었다. KT&G에서도 이런 성과를 높이 평가하였고, 이는 2018년 1억 3,800만원의 추가 지원으로 이어져 마을 가꾸기 사업을 더 내실 있게 감당할 수 있었다.

신라문화원의 서악마을 가꾸기 사업은 그동안 재원과 사업 영역 문제로 미뤄두었던 문화재 사적 주변의 추가 정비와 주민 생활공간의 정리 정돈 두 가지로 나누어서 진행되었다. 전자의 경우, 선도산 고분군 주변의 잡목을 추가로 제거하고, 숲길 옆 파인 구덩이에 흙을 채우고, 봉분에 잔디를 심었다. 또한 산책로에 마사토를 깔아주고, 아카시아나무로 만든 의자를 설치하였다. 서악동 삼층석탑 주위 구절초 밭에는 물빠짐이 잘 되도록 형산강 모래와 자갈을 채우고, 보희연못 주변을 추가로 정비하고, 서악동 고분군의 철망 울타리 일부를 목재로 교체한 것도 이 시기였다. 후자의 경우, 우선 마을의 공동 구역인 마을 길, 공터, 언덕 축대를 정비하였고, 쓰레기 수거 등을 진행하였다.

주민들의 사적(私的) 생활 구역 정비는 공동 구역보다 훨씬 어렵고 조심스러웠다. 진병길 원장은 주민들을 일일이 만나 서악마을 가꾸기의 취지를 설명하고 양해를 구한 다음, 각 주택의 상태에 따라 정비를 제안했다. 정비 사업 중 지붕 칠하기, 담장 낮추기와 칠하기는 원하는 경우 무료로 지원하였고 폐건물을 철거하거나, 지붕, 담장, 대문 등의 재시공을 원하는 경우에는 소요 비용의 절반을 집주인이 부담하면 나머지 액수를 KT&G의 지원금으로 매칭해주는 방식으로 진행했다. 초기에는 주민들이 마을 가꾸기 사업을 낯설어 했지만, 몇몇 집이 바뀌는 과정을 보면서 나중에는 적극적으로 참여하는 경우가 늘어났다. 이러한 방식으로 서악마을 가꾸기 사업은 일사천리로 속도감 있게 진행되었다. 주택과 창고의 지붕은 모두 검은색으로 도색하거나 기와 형태의 지붕으로 바꾸었다. 또한 높은 담장을 사람들의 눈높이 아래로 낮추고 하얀색 페인트로 단장했다. 흉물스

서악마을의 오늘

럽게 방치되었던 폐건물은 철거하고, 그 자리에 새 건물을 지어 올리거나 아름다운 정원을 조성하기도 했다. 이 기간 동안 샛골마을의 70여 채에 달하는 집이 신라문화원의 손길을 거쳐 새로운 모습으로 변화되었다.

신라문화원은 마을 정비 과정에서 과한 욕심을 내기 보다는 현실적으로 실현 가능한 사항에 집중하고 주민들의 참여와 공감을 끌어내는 데에 신경을 기울였다. 시간과 비용을 들여 새로운 기념비나 랜드마크를 세우는 대신, 퇴락한 부분을 수리하고 과한 부분을 덜어내는 방식으로 서악마을의 본래 모습을 보존하면서 정비하는 것에 주력했다. 이렇게 효율성과 현실성을 극대화하는 방식으로 진행한 결과 서악마을은 기존의 전형적인 마을 가꾸기 사업이 걷는 길과는 전혀 다른 방향으로 손을 댄 듯 대지 않은 듯한 마을풍경을 만들어 낼 수 있었는데, 그 결과는 모두에게서 강렬한 호평을 받았다. 그간 신라문화원이 정비한 서악서원, 도봉서당, 서악동 삼층석탑, 선도산 고분군 등과 서악마을은 놀라운 조화를 이루면서 생동감을 발산했다. KT&G 사업 지원팀은 서악마을을 둘러보고 최고의 결과물을 이뤄냈다며 극찬했다. 문화재청장을 비롯한 문화재 관련 전문가들도 방문하여 한 목소리로 서악마을의 변화에 최고의 찬사를 보냈다.

2018년에 신라문화원은 다시 한번 KT&G 마을 가꾸기 공모 사업에 참여했다. 이번이 후원의 마지막이라는 단서를 달아서 KT&G 의 지원을 받았다. 신라문화원은 지난해의 마을 가꾸기 사업에서 마무리하지 못한 사업을 연장하여 진행하였다. 이로써 보희연못과 서악동 고분군 일대까지 정비 작업을 완료할 수 있었다. 전선이 어지러이 하늘을 가로지르던 마을 중심부의 다섯 군데 지점에서는 전선을 도로를 가로질러 땅속으로 묻는 지중화 작업을 수행했다. 역시 해당 구역의 주택 소유주들이 자기부담금을 내면, 나머지는 KT&G의 지원금으로 충당하는 방식이었다. 마을 안에서도 시야가 탁 트인 곳이 늘어나면서 서악마을은 더욱 쾌적한 공간이 되었다. 지중화 작업은 가능한대로 계속 진행해 나가야 할 사업임을 실감하게 되었다.

지중화 작업

보희연못 정비

한편, 마을 주민 중에서는 서악마을 가꾸기 사업에 무관심하거나 동의하지 않는 분들도 있었다. 이는 공공 영역과 사적 영역이 혼재된 사업에서는 필연적으로 나타나는 현상이다. 원치 않는 주민들을 압박해서 사업을 밀어붙이려는 시도는 하지 않았다. 그 대신 자발적으로 나서서 동참해준 고마운 이들을 잊을 수는 없다. 서악마을 가꾸기가 한창 진행되던 시기에, 형편이 넉넉지 않게 생활을 영위하던 한 어르신은 마을 전체가 변화하고 있는데 자신만 뒷걸음질 치고 있을 수 없다며 그간 한푼두푼 모아온 쌈짓돈을 꺼내어 대문을 직접 교체하기도 했다.

서악마을 가꾸기 프로젝트가 어느 정도 마무리되어 가던 2019년 여름에 마을 한 가운데에 한옥이 한 채 신축된다는 소식이 전해졌다. 진병길 원장이 집주인을 만나 들어보니, 이미 9년 전에 2층짜리 한옥을 지을 계획으로 건축허가를 받아 놓은 집을 매입해서 새로운 주인이 이제 공사를 시작하는 상황이었다. 단층 한옥들이 조화를 이루는 서악마을의 중심부에 2층짜리 퓨전 한옥이 들어선다면, 마을 전체의 분위기와 어울리지 않게 돌출될 것이 명백하고, 선도산 고분군을 향한 시야도 가릴 가능성이 높았다. 그러나, 이미 문화재청의 형상 변경 허가도 얻었고, 설계도 해 놓고, 집터를 닦고 있는 상황에서 집을 짓지 못하게 강제할 방법은 없었다. 어느 날 진병길 원장은 동네 사람들과 같이 있던 자리에서 건축주를 만나게 되었다. 울산에서 사업을 한다는 건축주는 지난 주에 자녀들이 마을을 둘러보았더니 새로 집이 지어지면 너무 좋을 것 같다며 흡족한 마음을 이야기했다. 진병길 원장은 집주인에게 "선생님을 맞이하기 위해 지난 9년 동안 제가 마을을 잘 가꾸면서 준비했습니다"는 환영 인사를 건네고, 서악마을 곳곳을 함께 거닐며 안내를 해주었다. 마을이 정비되기 전과 후의 사진도 보여주면서 현재의 변화된 모습을 설명했다. 이 과정에서 서악마을에 2층 건물이 들어서면 전체적인 조화를 깨뜨리게 될 것에 대한 안타까운 마음도 전달했다. 그런데, 놀랍게도 이미 건축허가까지 받고 공사를 진행하던 건축주는 신라문화원과 진병길 원장이 그간 해온 일의 가치를 알아보고, 그 진정성에 감동을 받아, 설계도를 수정하여 한옥을 1층으로 고쳐 짓기로 결정을 하게 된다. 이 사건은 진병길 원장 자신에게도 놀라운 감동으로 다가왔다. 그의 평소 지론인 '지극정성과 공심으로 일을 하면 세상은 반드시 변한다' 는 소신은 이런 경험 속에서 다져진 확신이었다. 이 일은 또한 마을 전체에도 긍정적인 영향을 끼쳤다. 이 일을 계기로 서악의 샛골마을 안에는 2층집을 짓지 않는다는 암묵적인 분위기가 형성되었다. 이후 그 1층 한옥집의 건축주는 마을 가꾸기 사업의 주요한 후원자가 되어 주었다. 집의 설계를 바꾸어 마을 경관과 어우러지게 지은 것이 가장 잘 한 일이라고 회고한다고 한다.

만약 서악마을 가꾸기 사업이 번잡하기만 하고 유익이 없었다면 주민들은 대번에 등을 돌렸을 것이다. 그리고 문화재 관련 사업들이 으레 그러하듯 불편함만 끼친다는 식의 부정적 인식을 더 굳히게 되었을지도 모른다. 그러나 신라문화원은 지난 14년간 쉼 없이 서악마을의 문화재를 관리하면서 어떻게 하면 여행자들을 더 불러들여서 마을에 활기를 불어넣을 수 있을까를 고민했다. 부처님 오신 날 등을 달아서 생긴 후원금으로 마을잔치를 열어서 주민들을 대접하고, 구절초 음악회에는 부녀회 등 마을 주민들이 파트너로 직접 참여할 수 있도록 하면서 서악마을 가꾸기가 주민들에게 혜택이 돌아가도록 하는 일에 진심을 보였다. 마을 주민들 중에는 어르신 일자리 사업인 경주 시니어 클럽에 참여해서 서악마을의 문화재 주변을 깨끗이 청소하고, 가꾸는 일을 하기도 한다. 무열왕릉 주차장 앞 서악 25번가 공간의 운영도 어르신 일자리 사업으로 진행하고 있고, 서악마을해설사 프로그램도 운영하고 있다. 주민들은 문화재와 긴밀하게 연관되어서 혜택을 누리도록 참여의 폭을 넓히고 있다. 이처럼 오랜 시간에 걸쳐 단단하게 쌓아 올린 신뢰를 바탕으로 서악마을 가꾸기 사업은 신속하고 공평무사하게 실시될 수 있었다. 그 노력의 결과로 주민들이 단지 마을가꾸기 사업의 수혜자로 머물기만 하는 것이 아니라, 스스로 안목이 높아져서 마을을 위해서 무엇이 더 좋은 것인지를 직접 결정하는 주체로 활동하는 미래를 상상해 보게 된다. 서악마을의 현재는 지난 2,000년 역사를 바탕으로 새로운 장을 써가는 현장이다. 앞으로의 행보가 기대되지 않을 수 없다.

문화유산이 된 마을

한때 경주는 수학여행, 효도여행, 신혼여행의 명소로 손꼽혔다. 그러나 2000년대 들어 여행 패턴이 크게 변하게 되었다. 여행객들은 대형 버스에 몸을 맡겨 여행사가 정해준 순서에 따라 경주의 주요 유적과 유물을 관광하는 단체여행보다는 가족, 친구, 연인, 또는 혼자서 경주를 찾는 것을 선호하고 있다. 이들은 자신의 취향과 관심사에 따라 숙소를 선택하고 여행지를 결정한다. 어떤 사람들은 일주일이나 한 달 동안 경주에서 생활하면서 지역의 주민이 된 듯한 기분을 느껴 보기도 한다. 이러한 변화는 여행을 통해 얻고자 하는 경험이 다양화되고 있고, 문화적 차원이 더 중요해지고 있는 상황을 잘 보여주고 있다.

이런 변화와 연계해서 생각해 볼 중요한 흐름이 하나 있다. 유럽을 여행한 이들은 어느 고도(古都)의 골목을 걷다가 문득 발길을 멈추고, 그 지역의 모든 공간이 특정한 문화재와 같이 하나로 어우러진 풍경을 형성하고 있다는 느낌을 받는 경우가 있을 것이다. 이런 경지에 이르면 마을 전체를 문화재로 인정하는 데 이견이 없을 것이다. 아마도 유럽 고도의 골목을 서성이던 한국의 여행자들 중에는 우리나라의 관광지나 문화재 소재지의 현실과 비교하면서 아쉬워하는 경우도 있을 것이다. 대한민국은 일제 강점기와 전쟁으로 폐허가 된 상태에서 기적적으로 단기간에 경제 발전을 이루었다. 그러나 이러한 압축적 근대화의 과정은 문화재의 훼손과 더불어 난개발된 생활공간이 온통 뒤엉켜 있는 환경을 초래했다. 도시든 농촌이든 문화

서악마을의 오늘

재와 생활공간 간의 부조화스러운 공존은 일상적 풍경이 되어 버렸다. 그것을 소위 '한국적인 풍경'이라고 흥미롭게 재발견하는 시선도 존재한다. 여행자들은 경복궁의 전통건축과 광화문의 빌딩이 연출하는 이질적이면서도 어우러진 모습, 복잡한 남대문 시장과 변화한 명동이 만들어내는 묘한 대비를 즐긴다. 쇠락한 을지로 공구상가들 사이로 젊은이들이 찾는 '힙지로(힙+을지로)'가 펼쳐지기도 한다. 그들은 한옥 지붕과 현대적 건물이 어우러진 사진을 찍어 소셜미디어에 공유한다. 이것이 바로 전세계가 주목하기 시작한 K-컬쳐의 한 풍경일 것이다.

서악마을 역시 자세히 뜯어보면 매우 두터운 시간의 층위를 보유한 곳이다. 이곳에는 신라 시대의 역사가 서린 여러 설화가 스며 있고, 왕과 귀족들의 삶과 죽음을 집약한 고분의 공간이기도 하고, 불교의 유적뿐 아니라 유교의 서원과 서당이 각각 존재감을 명료하게 드러내고 있다. 근대화 시기에 지어진 전형적인 건물과 전통 한옥이 공존하고 있고, 최근의 경향을 반영하는 공간들도 계속 생겨나고 있다. 마구 두드러지지는 않지만 찬찬히 살펴보면 길고 오랜 시간의 층위가 여러 곳에서 드러난다. 전면에 부각된 공식적인 문화재가 있어서 '문화재가 있는 마을'이 아니라, 마을 전체가 저마다의 아우라를 뿜어내는 '문화유산이 된 마을'로 성장하기에 손색이 없다. 자꾸 무언가를 덧씌우고, 치장하려 하기보다, 비워내고, 걷어내어서 이 마을이 줄 수 있는 시공간의 단층이 더 잘 눈에 들어오도록 하는 안목과 작업이 필요하다고 생각한다. 문화재는 문화재 답게, 마을은 마을 답게 정돈해서 거기에 있는 사람들이 그들의 일상을 자연스럽게 살아가면 되는 그런 공간이면 충분하다. 여행자들도 그런 모습을 볼 때 최고의 여행 경험을 할 수 있지 않을까? 발걸음을 따라 천천히 서악마을 일대를 걷다 보면 여행자들은 자연과 전원 풍경에 마음이 따뜻해 지는 경험을 하게 될 것이다. 더불어 고대부터 근현대까지의 역사가 조화롭게 어우러진 밀도 높은 경관은 여행자들에게 색다른 감동을 선사할 것이다.

서악마을의 오늘

Chapter 3

서악마을의 내일

주목받는
서악마을

제5장

문화유산 활용 혁신 사례

서악마을 주요 내역

2011	최광식 문화재청장 방문
2014	경상북도 김관용 도지사 방문
2015	행정자치부 정종섭 장관 방문
2016	행정자치부 주재 "향교·서원·고택, 주민의 품으로" 간담회 개최 (서악서원)
	나선화 문화재청장 방문
	문화재청·문화유산국민신탁·KT&G 경주 지진 복구 협약식 개최 (서악서원)
2017	김종진 문화재청장 방문
2018	정재숙 문화재청장 방문
2019	행정안전부 제1회 대한민국 정부혁신박람회에 문화재청의 대표 혁신 사례로 서악마을 선정
	김현모 문화재청장(당시 차장) 방문
2021	이철우 경상북도지사, 김석기 국회의원, 주낙영 경주시장 함께 방문
2022	최응천 문화재청장 무열왕릉 방문

양희송 자료를 찾아보니 서악마을은 그간 문화재청장을 비롯해 문화유산 활용과 관련해서는 국가기관과 지자체 등의 단체장들이 굉장히 많이 찾던 대표적 혁신사례였더군요.

진병길 많이들 오셨지요. 문화재청장은 거의 매번 오신 것 같고, 장관, 도지사, 국회의원과 시장 모두 오셔서 관심있게 봐주셨습니다.

양희송 이 정도로 주목받기는 쉽지 않을 것 같은데, 어떤 이유라고 생각하십니까?

진병길 지난 14년간의 노력을 좋게 평가해주신 덕분입니다. 정부 차원에서 문화재 관리와 활용 사례로 인정을 해주었다는 것으로 이해합니다. 특히 2019년 행정안전부에서 개최한 제1회 대한민국 정부혁신박람회에 서악마을이 문화재청의 대표 혁신 사례로 선정되어서 서울 동대문플라자(DPP)에서 2박3일간 열린 박람회에 참여하게 되었는데, 매우 의미 있게 생각합니다. 대부분은 정부기관, 광역지자체, 공기업들이 참가 대상이었는데, 한 마을이 혁신 사례로 제시된 것은 유일했습니다. 서악마을은 민, 관, 기업의 공동참여로 이룬 마을 가꾸기 사업의 대표적 사례이자 마을 재생을 통한 관광활성화 우수사례로 인정받았습니다.

서악마을은 새로운 모델인가?

양희송 문화재의 활용에 있어 혁신사례로 인정받았는데, 신라문화원은 비영리단체이지 않습니까? 관도 아니고, 지역주민도 아니고, 기업도 아니고, 어떤 일을 해 나가는데 있어서 이런 위치에서 사업의 주도적 역할을 감당하기는 매우 어려울 것으로 보이는데요?

진병길 많이 어렵지요. 돈이 많이 있는 것도 아니고, 이런 일에는 정책적 규제나 행정적으로 풀어야 할 일도 많고, 지역주민들이 스스로 뜻을 모아서 처리해야 하는 것도 있고, 책임의 사각지대에 있는 업무도 많아서 늘 어렵습니다. 그런데 일을 하다 보면 정작 기업은 기업이라서 못하고, 관은 관이라서 안되고, 주민들도 스스로 해결 못하는 경우가 많습니다. 이 세 영역에 다 걸쳐 있고, 오랫동안 신뢰를 받아야만 할 수 있는 역할이 있습니다. 신라문화원이 경주에서 30년째 쌓아온 경험과 역량이 있으니까 가능했던 부분이 있다고 생각합니다. 때마침 문화재청과 지자체가 문화재돌봄사업을 시작한 것이 중요한 계기가 되었다고 생각합니다.

양희송 신라문화원은 어떤 단체인지 좀 소개해 주시면 좋겠습니다.

진병길 저는 동국대 국사학과 재학 시절부터 불교학생회 활동을

많이 했는데, 기독교에 YMCA 같은 시민운동 단체가 있으면 불교
계에도 그런 불교문화 단체가 있으면 좋겠다는 생각을 많이 했습니
다. 사회봉사도 하고, 교육도 하고, 지역사회에 필요한 역할을 하고
말이죠. 신라문화원은 경주에서 그런 역할을 해야겠다고 해서 세웠
습니다. 1993년에 혜국 스님과 '영원한 경주인' 윤경렬 선생님 모
시고 개원을 했습니다.

양희송 서악마을은 신라문화원이 이미 15년 넘게 운영된 후에 관
여한 사업이군요. (그간 주로 해온 일은 책 말미의 '신라문화원 30
년' 참고) 서악마을에 참여한 계기는 어떻게 됩니까?

진병길 2010년부터 정부에서 '문화재돌봄사업'이란 것이 시작됩니
다. 전국 5개 권역에 사업을 할당했는데, 그 중에 저희가 경상북도
남부 지역을 맡았습니다. 그때 전국적으로 영남 쪽에서는 저희 신라
문화원, 호남권에서는 광주의 대동문화재단이 가장 크게 사업을 하
고 있었던 상황이었습니다. 돌봄사업단은 필요한 인력을 뽑아서 문
화재 모니터링을 하면서 상시적으로 문화재를 돌보도록 하는 사업입
니다. 현재도 저희 사업단은 60명 정도가 고용되어 있는 규모가 꽤
되는 사업입니다. 서악마을에는 태종무열왕릉 같은 국가가 지정한
사적이 있고, 서악 삼층석탑은 보물이고, 선도산 고분군 등은 중요성
은 인정되지만 지정은 되지 않은 상태의 미지정 문화재로 분류가 됩
니다. 초기에는 관리 대상이 부처별로 달라서 같은 지역 안에서도 할

수 있는 것과 할 수 없는 것이 다 달랐습니다. 문화재돌봄사업이 시작되면서 업무가 이쪽으로 모이도록 전반적으로 정비가 되었다고 볼 수 있습니다. 저희의 처음 사업 대상이었던 서악서원과 도봉서당이 이곳에 있어 그쪽을 관리하게 되면서 인연을 맺게 되었습니다.

양희송 정부 사업은 정해진 내용과 범위를 넘어갈 수 없지 않습니까? 대부분 맡겨진 영역 이상으로 업무를 확대하려고 하지 않을 텐데, 초기부터 일을 더 하셨더라고요?

진병길 하면 안 되는 일을 한 것이 아니고요. 저희 사업은 문화재와 그 주변을 관리하도록 되어 있습니다. '그 주변'을 좀 넓게 해석해서 일을 더 한 거지요. (웃음) 그런다고 돈을 더 주거나 지원을 더 받지는 않습니다. 그냥 맡겨진 일을 더 많이, 더 열심히 한 것이지요. 문화재는 관리하고 가꾸는데, 바로 옆에 쓰레기가 넘치고, 잡목들이 우거져 있고, 진입로가 확보가 안되고 그러면 사람들이 문화재에 가까이 갈 수가 없고, 문화재를 감상하는 과정 자체가 매우 불쾌하겠지요. 이런 문제를 아무도 손을 못 쓰고 있는 겁니다. 마을 사람들이 자기 돈 내서 관리하지도 못하고요. 더구나 문화재 때문에 재산권 행사에 제약을 많이 받고 있는데, 누가 나서서 하고 싶어 하겠습니까? 책임 소재가 애매하니까 관에서도 섣불리 나설 수가 없습니다. 해서 처음에는 어차피 저희가 관리를 하니까 봐서 필요한 부분을 좀 더 손을 보고, 작업을 한 거지요.

양희송 구체적으로 어떤 작업을 하신 건가요?

진병길 예를 들면, 돌봄사업단은 겨울철이면 경미수리 등의 업무는 비교적 많이 줄어듭니다. 이럴 때 인력을 동원해서 방치된 쓰레기를 치우고, 대나무와 아카시아 나무들이 무성하게 자라서 고분 주변 경관을 어지럽히고, 접근을 어렵게 만드는 것을 쳐내는 작업을 동계에 몇 년 간 했습니다. 이게 한 해에 다 베어낼 수가 없어요. 올해 이만큼 베고, 다음해에 다시 베고, 다른 쪽을 베고 해야 합니다. 주민들은 이거 베어내면 산사태 난다고 해서 대나무 뿌리는 남겨놓고 잘라서 몇 해를 거치니 대나무가 낮게 자라게 되어서 경관과 어우러지도록 한 경우도 있고요. 축대가 무너진다고 하는 경우는 보강공사를 해준 적도 있습니다. 나중에는 포크레인까지 동원해서 아카시아 나무를 대대적으로 다 파냈습니다. 거의 한 7년 정도 걸린 것 같아요. 그러면서 주민들 민원도 잘 해결해야 하고, 관에서도 우리가 자꾸 일 만든다고 부정적이거나 소극적인 경우에 설득해야 되고, 사업 외에 추가로 해야 하는 일이 생기면 돈이든 뭐든 만들어서 해결해야 하고, 많이 바빴어요. 신라문화원과 문화재돌봄센터 직원들이 수고를 많이 했지요. 고마운 일입니다.

양희송 그간 사업 진행하신 내용을 듣다 보면 누가 시키지도 않았는데 필요하다고 생각되는 일을 외부에서 재원을 끌어와서 처리하기도 하고, 이렇게 하자 저렇게 하자 제안도 많이 하셨어요. 누가 보면 왜 저렇게 열심히 하나 의문을 가질 수도 있을 거 같습니다.

진병길 제가 대학교 시절부터 무언가를 하면 몰두해서 좋은 결과를 만들어내려고 엄청나게 노력을 했습니다. 동국대 학창시절에 학교 상징인 백상(흰코끼리)탑을 건립하는 일이 있었는데, 제가 학생회 간부 신분으로 열심히 뛰어서 1989년에 일 년 만에 1억원을 모금한 일이 있었습니다. 그 이후로 지금까지 지극정성과 공심(公心)으로 일을 하면 세상을 바꿀 수 있다는 소신을 따라 살고 있습니다. 열정과 공적인 마음이 있어야 변화가 가능하고, 길게 보면 사람들이 결국은 그 마음을 알아줍니다. 그런 자세로 경주의 문화유산을 더 잘 알리고, 보존하는 일을 해왔고, 그동안 해온 것을 사람들이 인정해 주셔서 지금까지 올 수 있었습니다. 전공이 국사학이라 전국 유적답사를 많이 다니면서 자연스럽게 문화유산 가꾸기에 관심이 가게 되기도 했습니다.

양희송 문화재의 관리와 보존은 기본적으로 정부나 지자체의 일이 아닌가요?

진병길 물론 관에서 해야 할 일이 많고 중요합니다. 그러나, 관이 언제나 주도할 수는 없습니다. 주민들도 참여해야 하고, 기업도 참여해야 하고, 전문가들도 끌어들여야 하고 하는데 관은 이미 만들어진 관행과 규정 안에서 안전하게 일 하는 것이 익숙하고, 변화를 만들어낼 위험을 감수하기 어렵습니다. 저는 저희 같은 단체가 이미 만들어 놓은 정책보다 조금 앞서 나가면서 바람직한 정책 변화와 지원을 이끌어내는 역할을 해야 여러 관련 집단이 어우러지는 구조를 만들고, 선순환을 이룰 수 있다고 생각합니다. 공공성을 추구하다 보면 불가피하게 생길 수 있는 희생을 감수하는 사람들이 있어야 합니다. 그리고, 주민들의 신뢰를 얻으려면 오래 기다리기도 하고, 같이 어울려야 합니다.

양희송 그런 방식이 이상적이긴 한데, 현실적으로는 너무 어렵지 않겠습니까? 다른 곳에서 서악마을이나 신라문화원의 사례를 그대로 도입해서 적용하는 것은 무리일 것 같은데요?

진병길 신라문화원이 한 것은 어디에서나 반복할 수 있는 모델이라고 생각은 안 합니다. 하나의 사례지요. 그러나, 이렇게 일하는 것이 불가능하다고 속단하는 생각에는 반대하고 싶어요. 힘들지만, 가능하더라. 그리고 보람이 있다. 거기에 설득이 되어야 한다고 생각합니다. 사람들은 불가능하다고 아예 시도를 하지 않는데, 저희 같은 사례가 있으면 어디선가 자극 받는 사람들이 나올 수 있고, 자기들 나름대로 또 다른 좋은 사례를 만들어 낼 수 있을 거라 생각합니다. 서악마을은 신라문화원이 지난 30년간 쌓아온 기반이 있었고, 그것을 적절히 활용하면서 왔기 때문에 좋은 성과를 낼 수 있었다고 생각합니다. 서악마을의 특수성도 있습니다. 문화유산이 사적인 서악동 고분군과 왕릉이 5개소, 보물인 삼층석탑과 마애삼존불, 서원과 서당 등 도 지정 문화재와 비지정문화재인 40여기의 고분군 등 문화재돌봄 대상이 이만큼 집중적으로 모여 있는 경우가 없습니다. 사업 공간이 겹치다 보니 마을 전체를 염두에 두지 않을 수 없는 조건이었던 것도 한 몫 했다고 생각합니다.

문화공간이 필요하다

양희송 서악마을을 돌아보니 사소한 부분까지 손이 많이 간 흔적이 보였습니다. 이제 다음 단계로 진행하려고 할 때 가장 아쉬움을 느끼는 부분은 어떤 것이 있을까요?

진병길 제가 생각하는 서악마을의 청사진을 염두에 두고 생각한다면, 1단계가 하드웨어를 잘 다듬고 조성하는 일일 텐데, 대략 80-90%는 오지 않았나 싶습니다. 다만, 아직 남아있는 과제는 '문화공간' 이 하나 만들어졌으면 좋겠다는 바람입니다.

양희송 문화공간은 어떤 공간을 말하는 건가요?

진병길 지금 서악마을에서 연간 벌어지는 행사가 꽤 됩니다. 문화재 활용 프로그램, 문화재 생생행사, 고택음악회, 작약음악회, 구절초축제 등은 연간 20여회씩 열리고, 규모도 커서 큰 행사는 1,000명씩 모이기도 합니다. 기업 연수회도 10-20회는 되지요. 각종 문화행사를 다 포함하면 연간 50여회는 될 겁니다. 현재는 대형 행사는 주로 야외 행사로 치르고, 강연 등은 소화 가능한 규모로 나누어서 개최합니다. 저희가 관련된 수요만 이 정도인데, 마을 자체적으로 더 활성화가 된다면 이런 필요를 잘 담아낼 수 있는 안정적인 공간이 있으면 좋을 것 같습니다. 야외 행사는 매번 음향 설치하고, 천막 치고, 장비를 폈다가 접었다가 일이 많습니다. 날씨에도 영향을 많이 받지요. 이 정도로 행사가 많고, 자주 있다면 실내와 실외 행사가 가능한 공연장이 하나 있으면 참 좋겠다 싶습니다. 음악이나 공연도 가능하고, 평소에는 교육장으로 활용할 수 있겠지요.

양희송 교육은 어떤 교육을 생각하시는지요?

진병길 이미 저희가 진행하는 교육 프로그램도 종류가 많고, 규모가 큰 행사가 종종 있습니다. 공간이 있으면 훨씬 다양한 교육이 가능합니다. 앞으로 개발해야 하는 것 중 하나가 한옥 관련 교육입니다. 경주는 한옥지구가 많아서 집을 한옥으로 짓게 되는데, 한옥에 대한 이해가 없이는 단지 옛날 건축물일 뿐 불편을 감수하고 살아야 하는 곳 밖에 되지 않습니다. 전국적으로 고택 소유주를 대상으로 하는 교육이 절실합니다. 한옥을 관리하는 분들도 이런 교육이 있어야 합니다. 한옥을 짓는 법, 거기에 담긴 여러 인문사상적 측면, 실제적인 한옥 관리 방법, 활용 방법 등은 경주 같은 곳은 상시 교육이 필요합니다.

사람들이 특별한 행사 때만 오는 것이 아니라 상시 찾을 수 있도록 미술 전시장도 만들어지면 공간 자체가 다목적으로 활용이 될 수 있습니다. 지금은 행사 때문에 서악마을을 찾는데, 앞으로는 서악에 오면 언제나 음악이나 미술을 감상할 수 있고, 수시로 교육이 진행되고 있는 공간이 있어서 사람들이 수시로 이 곳을 찾을 것이라 생각합니다.

양희송 현재 마을에 그런 공간을 만들려면 여러가지 난관이 많겠습니다. 당장 그런 공간을 확보하는 것부터가 문제일 것 같은데요?

진병길 저희는 마을의 우사 두 개소를 개조해서 하나는 강연장으로 만들었고, 하나는 돌봄사업단 교육장으로 운영하고 있습니다. 작은 공간은 그렇게 찾아서 만들어 왔는데, 복합문화공간은 규모가 더 커야 하고, 이건 지자체가 나서야 하는 일입니다. 서악마을 입구에 옛 경주초등학교 부지와 건물이 현재 농기구 임대 및 안전교육장으로 쓰이고 있는데, 그것도 나름대로의 의미가 있지만 마을의 발전방향에 비추어 보면 현재의 성과를 한 단계 전진시킬 하드웨어로 복합문화공간이 만들어지면 좋겠다는 생각을 갖고 있습니다. 더구나 서악서원과 인접해 있어서 배움의 장으로 교육공간을 잘 조성하고 전시와 공연까지 가능한 공간으로 활용하면 마을 전체의 분위기와 잘 어울릴 것입니다.

양희송 서악서원 앞쪽의 폐교가 그렇게 활용될 수가 있겠군요.

진병길 인근 영천의 가래실마을 화동초등학교 폐교 부지도 시안미술관으로 성공적인 탈바꿈을 해서 아주 좋은 평가를 받고 있습니다. 경주에서도 좋은 사례가 나오면 좋겠습니다. 서악마을은 고속도로나 철도로 경주를 찾는 사람들이 시내로 진입하지 않고도 올 수 있는 접근성이 좋은 곳이고, 좋은 시설과 컨텐츠만 있다면 쉽게 대형화될 가능성이 있는 곳이지요. 그동안 마을을 잘 가꾸어 놓았으니, 이제는 찾는 분들이 늘어나도 잘 감당할 수 있도록 미리 준비를 단단히 해 놓아야 하지 않을까 합니다. 최근 서악마을 가꾸기의 성과가 좋게 평가를 받고 있는데, 이어서 문화재청, 국토교통부, 경주시, 한국토지주택공사(LH) 등 여러 기관이 이 문제를 해결하기 위한 방안을 논의하면 가능할 것이라 생각합니다. 그간의 성과를 한 단계 더 도약시킬 중요한 사업이 될 것으로 기대합니다.

서악마을의 내일

양희송 서악마을과 인근에 숙박시설이 상당히 많이 생긴 것 같습니다. 어느 정도나 되나요?

진병길 정확한 통계는 모릅니다만, 서악마을에 고택으로는 서악서원, 도봉서당이 있고, 한옥 펜션이 아마 전체의 70% 정도를 차지할 텐데, 대형으로는 경주앤과 춘추관 등이 있고, 인근 마을까지 하면 아마 50개소 이상 될 것 같습니다.

양희송 국내여행으로도 상당히 많이 찾아오는 것으로 알고 있고, 외국인들도 꽤 찾는다고 들었는데, 어떤 점에 끌린다고 하나요?

진병길 서악마을은 태종무열왕릉이 우선 눈에 들어오지만, 마을 자체가 국립공원인 선도산을 끼고 있어 아늑한 분위기입니다. 마을 가꾸기 사업 덕분에 마을 어느 곳에서나 시야가 탁 트여져 있고, 편안한 느낌을 줍니다. 오신 분들은 신라 혹은 경주의 분위기를 충분히 느낄 수 있다 보니, 재방문도 많고, 추천 받아서 오는 경우도 많습니다.

양희송 아예 이사를 오거나 한달 살기 등으로 오는 경우는 좀 다르겠지만, 숙박으로 오시는 분들을 위해서 개선되거나 준비해야 한다고 생각하는 부분은 어떤 것이 있으신가요?

진병길 숙박은 대부분 각자 검색해서 예약하고 오시는데, 마을 전체를 조망하고 안내하는 역할이 좀더 강화될 필요가 있지요. 마을 입구나 중심에 리셉션이나 웰컴센터 같은 것이 있어서 마을지도도 보고 필요한 안내를 한 번에 받을 수 있도록 해준다면 여행객들도 편리할 것이고, 마을을 좀더 잘 경험하도록 안내할 수 있을 것 같습니다. 쉬면서 일도 하겠다는 워케이션 문의도 늘어나고 있습니다. 외국인들을 위한 언어별 안내나 대응을 할 수 있도록 갖추어 가는 것은 정말 앞으로 잘 준비해야 할 과제입니다. 저희는 서악마을 해설사를 통해 대응하고 있습니다.

어느 집에 잠자러 간다가 아니라 서악마을에 간다는 생각을 하도록 마을 전체를 브랜드화 하는 작업은 개별적으로 할 수는 없는 것이니까, 앞으로 꼭 풀어야 할 과제라고 생각합니다. 마을 전체가 당신을 맞이하고, 환영합니다, 이런 느낌을 받을 수 있어야 하겠지요. 이와 더불어 숙박시설 전체의 서비스 수준을 향상시키는 것, 이것은 시설, 서비스, 청결도 등등에서 기준을 만들어가는 과제입니다. 그리고, 체험 프로그램과 이벤트 등이 잘 연계될 필요가 있습니다. 연간 다양한 프로그램들이 진행되고 있는데, 이것이 마을 전체의 일정이나 분위기와 잘 맞물려 돌아갈 수 있도록 조율이 잘 이루어지면 좋겠습니다. 그래야 서로 윈-윈하는 결과가 나오겠지요.

양희송 그간 마을 가꾸기 사업으로 담도 낮추고, 전선과 전봇대도 일부 없애는 등 많이 노력을 하셨는데, 이게 어느 정도의 구속력이 있는 건가요? 외국의 오래된 도시들에서는 건물의 신축이나 개축에서 가이드라인이 상당히 엄격하게 적용되는 것으로 압니다. 덕분에 우리는 수백 년 된 골목길의 정취를 여전히 느낄 수 있지만 거주하는 분들에게는 만만찮은 제약이 될 텐데요.

진병길 현재는 동의하는 주민들만 참여해서 자발적으로 하고 있습니다. 강제할 수는 없습니다. 자율적인 합의가 만들어지는 것이 최선입니다. 일본의 온천관광지인 유후인 같은 곳도 오래된 건물이 잘 보존되고 있고, 크든 작든 조화를 잘 이루면서 경관을 해치지 않고, 자연스럽지 않습니까? 시간이 지나면 지자체 차원에서 경관 조례나 건축 조례 같은 것으로 반영할 부분이 있겠지만, 현재는 주민들의 협의와 합의에 따라 자율적인 분위기가 만들어지는 것이 우선이라 생각합니다.

서악마을의 내일

마을공동체가 해야 할 일

양희송 기존의 마을가꾸기 사업은 지자체 투자에 의존하는 경우가 많아서 주민들은 수동적으로 반응하는 경우가 많고, 그러다 보니 재정 지원이 끝나면 사업도 끝나버리는 경우를 많이 봅니다. 서악마을도 주민들이 나서서 자발적으로 마을을 가꾸고, 넓혀가야 할 텐데 이런 과제는 어떻게 풀어가야 할까요?

진병길 서악마을에는 신라문화원이 직접 운영하거나 위탁 운영하는 공간이 몇 개 있습니다. 도봉서당 같은 고택 체험 공간, 저희들의 작업장과 교육 공간, 서악25번가 같은 편의점, 의상 대여 공간, 서악연가 등의 숙박 스테이 공간 등입니다. 이런 일이 가능하다, 이렇게 하면 좋다는 것을 보여주는 선도 사례라고 봐주시면 좋을 것 같습니다. 서악마을에 살러 오는 분들이 조금씩 늘어나고 있는데, 지금은 특색 있는 카페가 몇 개 생겼고, 작은 서점이 두 군데, 사진작가의 갤러리가 한군데 만들어지는 중입니다. 숙박 공간은 상당히 많아졌습니다. 이 마을에는 다양한 분들이 살고 있습니다. 은퇴하고 살러 들어오신 분들도 있고, 시인과 작가도 몇 분 계시고, 화가, 도자기 하시는 분, 공방 운영자, 목수 등 앞으로 마을에 흥미로운 일을 만들 수 있는 분들이 많습니다. 이런 분들이 무언가 할 수 있도록 여건을 조성하고, 분위기를 만드는 일을 저희가 함께 해야 하지 않을까 생각합니다.

양희송 마을 자체에 가능성과 에너지가 있어 보여서 좋습니다. 구체적인 당면 과제는 어떤 것을 꼽으실 수 있을까요?

진병길 필요한 것은 차츰차츰 생겨날 것으로 봅니다. 현재 가장 아쉬운 것은 식당과 편의점입니다. 마을이 대부분 주민들 중심이다 보니 여행자들이 와서 식사할 식당이 의외로 없습니다. 맛집이 몇 군데는 있어야 하지 않을까 하고요. 마트나 편의점도 생겨야 할 것 같습니다. 여행자들이 와서 당장 불편하게 느낄만한 것을 먼저 해소하고 나면, 마을에서 해야 할 일은 첫째로 여기서 진행되는 숙박이든, 카페든, 기존의 공간이 자리를 잡고 안정적으로 운영되도록 하는 일일 것 같고요. 둘째는 새로운 시도가 나와주어야 할 것 같습니다. 서악마을 만의 고유한 브랜드가 될 수 있는 것을 찾아야 하는데, 저희는 이 마을이 '명상과 사색의 공간' 으로 잘 알려졌으면 좋겠다 생각합니다. 그러면 그에 부합하는 다양한 작업을 로컬 크리에이터들이 할 수 있겠지요? 글쓰기, 도예, 그림, 책, 강연 등이 마을에서 자체적으로 나오면 좋겠습니다. 셋째는 그 수준이 되면 그에 부합하는 다양한 여행자들이 찾아오도록 홍보도 하고, 개발을 해야 하겠지요. 현재 서악마을을 찾는 이들은 주로 어린이와 중장년층입니다. 거기에 부합하는 프로그램이 중심이란 얘기인데, 앞으로는 20-30대가 찾을 수 있도록 하려면 어떻게 컨텐츠나 체험을 다변화해야 할까 고민을 해야 합니다.

업그레이드를 꿈꾸며

양희송 지난 14년간 서악마을 가꾸기를 해오셨습니다. 지금 어디까지 오셨고, 앞으로 어디까지 가 볼 생각이신가요?

진병길 지금까지 해 온 일이 작은 것은 아니지만 주로 하드웨어를 가꾸고 다듬는 일이었습니다. 그래서 1단계라고 말하는 이유가 거기에 있습니다. 이 마을의 경관과 유적들이 방치되어 있거나, 활용이 제대로 이루어지지 않아서 사람들의 시야에 들어오지 않았습니다. 그걸 이제는 다들 보기 좋다, 잘 했다고 칭찬해주는 정도까지 온 것이지요. 이제는 그런 문화유산의 기반 위에서 할 수 있는 가능성을 최대치로 실현해 보는 일을 해야 하지 않을까요? 소프트웨어가 필요하다고 말할 수 있는데, 경주나 서악의 잠재력에 비해 아직가야 할 길이 멉니다. 서악을 방문하는 이들마다 이런 소프트웨어가 필요한 시대가 되었다는 점을 지적합니다.

양희송 생각하시는 방향은 어떤 것이고, 그것을 위해서 필요한 자원과 역량은 어떻게 만들 수 있을까요?

진병길 서악마을은 문화유산과 역사적인 이야기 거리가 넘쳐나는 경주에 있다는 점, 경주에서도 외진 곳이 아니고 접근성이 아주 좋은 위치라는 점, 마을 곳곳에 이야기가 숨어있고, 경관과 유적이 멋지게 어우러진 곳이라는 점, 그리고 신라문화원이 14년간 공간을 가꾸고 이를 위해 인적, 물적 네트워크를 만들어 왔다는 강점 등이 있습니다. 저도 국내외 해외의 많은 문화도시들을 다녀보고, 관광과 여행 정책들이 어떻게 진행되는지를 보아왔는데, 경주는 정말 잠재력이 큰 곳입니다. 이곳은 대한민국을 대표하는 사색과 명상의 공간으로 자리잡을 수 있는 곳입니다. 서울이나 대전 등지에서 성공적인 공간 컨설팅을 했던 분들이 와서 보고 이런 방향으로 사업을 제안하기도 했습니다. 방향을 잡고, 각 분야의 전문가들이 머리를 맞대고, 민관이 힘을 모으면 그런 가능성을 현실로 만들 수 있습니다.

양희송 경주가 관광지로 일찍부터 개발되는 바람에 그 시절의 인프라와 상상력에 갇혀 있다는 느낌을 받을 때가 종종 있습니다. 지금 국내의 다른 지역에서는 훨씬 과감한 시도와 세련된 성과들이 나오고 있거든요. 경주도 70년대 이래의 관광도시로서의 모습을 벗어나 잠재력을 폭발 시킬 새로운 방향성이 제안되어야 할 것 같아요.

진병길 서악이 '사색과 명상의 공간' 이 되어야 하겠다는 것은 좀 더 길게 이야기해야 할 부분이 있습니다. 그 전에 이런 일이 가능 하려면 먼저 갖추어야 할 것이 있습니다. 첫째가 정책적 지원입니다.

문화체육관광부, 문화재청, 경상북도, 그리고 경주시 등 해당 관청의 거시적 안목과 지속적 지원이 있어야 합니다. 문화유산을 활용하는 소프트웨어는 단기간에 만들어지거나 목표에 도달하기 어렵기 때문에 오랜 시간 투자를 해야 하는 영역입니다. 민간에서는 즉각적 보상이 따르지 않는 그런 투자를 오래 지속하기 어렵습니다. 국가적 차원의 개입이 필요한 이유입니다. 문화재청은 서악마을 가꾸기 성과에 매우 호의적인 평가를 해주었고, 지원도 적극적으로 해오고 있습니다. 그러나 아직은 유적과 시설 등 물리적 인프라 중심이라서 앞으로 소프트웨어 쪽의 지원을 늘려가면 좋겠다는 기대를 합니다. 신라문화원이 그런 변화를 촉진하는 자극을 제공하도록 노력하고 있습니다.

둘째는 서악마을 주민들의 자치적 참여입니다. 서악마을은 주민들의 연령대가 낮은 편은 아니지만, 전형적인 농촌마을과는 달리 빈집이 거의 없고, 조금씩 이주해 들어오는 인구가 생기고 있다는 점, 여행자들이 늘어나면서 외부인에 대한 경계심도 줄어들고 있다는 점 등을 긍정적 요인으로 볼 수 있습니다. 신라문화원이 여는 여러 행사에도 호의적이고 부녀회와 노인회 등이 참여해서 자원봉사를 해주고 있습니다. 자치회가 조금 더 적극적이고 주도적이 되었으면 좋겠고, 마을에 관심이 있고 변화 속도에 발맞출 수 있는 젊은 인구들이 더 유입되었으면 좋겠습니다. 앞으로는 주민자치회가 서악마을의 변화를 주도적으로 감당할 수 있는 수준까지 든든해지면 좋겠습니다.

셋째는 신라문화원이 역량을 강화하는 것입니다. 지난 14년간 서악마을에서 동고동락하며 변화를 주도하고, 다양한 컨텐츠를 제공하는 역할을 해왔는데, 그런 기반 위에서 앞으로 감당할 과제에 걸맞게 혁신을 해 나가야 한다는 과제입니다.

양희송 서악마을이 앞으로 더 잘 될 것이란 이야기는 고무적입니다. 미래를 많이 상상해보게 됩니다. 그런데 개발이 늘 바람직한 방향으로만 가는 것은 아니어서 우려되는 부분도 있습니다. 부동산 가격만 올라가서 세입자들이 떠나야 하는 젠트리피케이션(gentrification)이 일어나거나, 상권이 되겠다 싶으면 상업시설들이 무분별하게 들어서는 모습을 여기서 보고 싶지는 않네요.

진병길 지금 서악마을의 최대 장점은 시내와 떨어져 있어서 조용하다는 점인데, 앞으로도 이런 서악마을의 품격이나 매력이 훼손되면 안 된다고 봅니다. 그래서 정책도 중요하고, 주민들의 철학도 중요한 것이지요. 그간 겨우 정비한 서악마을의 경관과 분위기가 상업적 개발 일변도로 가면 일순간에 무너질 수 있습니다. 그렇다고, 이 것저것 규제하고, 제한하는 옛날 방식으로 돌아갈 수도 없습니다. '활용이 보존이다'는 원칙을 잘 살려서 관과 주민, 그리고 저희 신라문화원 같은 시민단체가 각각 주체로서 방향을 잡고 속도를 조절하면서 상황을 통제할 수 있어야 합니다.

미래를 향한 제안

제6장

마음이 쉴 수 있는 곳

양희송 서악마을의 미래를 위한 방향으로 '명상과 사색의 공간'을 언급하셨는데, 어떤 의미인가요? 어떤 내용이 담길 수 있는지도 궁금합니다.

진병길 이 마을은 신라 왕릉이 즐비한 곳으로 죽음과 삶이 공존하는 곳입니다. 경주에서도 이렇게 생활 공간인 마을과 역사와 전통의 공간인 왕릉이 이 정도로 어우러진 곳이 없습니다. 황리단길이 화려한 야경과 상점과 젊음과 활기가 부대끼는 관광지라면, 서악마을은 조용히 왕릉과 한옥과 석탑을 따라 산책하며 자신을 돌아보고 경관을 감상할 수 있는 곳이지요.

양희송 오히려 서양에서는 명상의 가치를 높이 평가하고 인정하는 경우를 많이 봅니다. IT기업 구글에서도 명상시간을 둔다든지, 차드 멩 탄 같은 구글 엔지니어 출신 명상가가 나오기도 하더군요. 국내에서는 명상이라고 했을 때 템플스테이를 떠올리기는 하지만, 그 외에는 대표적으로 꼽기가 쉽지 않습니다.

진병길 주로 사찰을 중심으로 하지 마을을 기반으로 하는 경우는 없는 것 같아요. 고택 마당의 잔디에서도 좋고, 선도산 고분 옆에는 햇볕이 잘 들고 전망이 탁 트여서 명상하기 좋은 자리가 여러 곳 있습니다. 그런 곳에서 명상을 하거나 요가를 하면서 몸과 마음을 풀어볼 수 있다면 너무 좋지 않겠습니까? 멋진 경관을 보며 소위 '멍 때리기'를 해도 좋습니다. 이미 서악마을에 오는 분들 가운데 조용히 쉬면서 마음을 가다듬고 싶다는 분들이 많이 있습니다. 그런 필요를 적극적으로 끌어내서 저희가 멋진 경관과 이런 환경 안에서 명상할 수 있는 프로그램을 만들어서 제공하려고 합니다. 적어도 서악마을 가면 마음을 편히 쉴 수 있다거나, 힘들면 서악마을 가서 며칠 머물다 와야지 하는 생각이 들도록 해보자는 겁니다.

양희송 서악마을의 경관이 아늑해서 마음을 편안하게 만들어 준다는 점은 의심의 여지가 없는데, 거기서 더 나아가 명상과 사색의 공간으로 자리잡으려면 어떤 것이 더 준비되어야 할까요?

진병길 명상은 요즘은 매우 실용적인 방법들이 많이 제시되고 있지만 깊이 들어가려면 아무래도 종교적 기원이나 인문학적 자원이 잘 연결되어야 합니다. 서악은 그런 자원이 풍부한 곳이지만, 아직 충분히 개발되어 있다고 보기는 어렵습니다. 예를 들면, 경주의 불교 문화, 화랑도, 유교적 배경이 매우 훌륭한 자산이지만, 이것이 종교를 넘어 보편적으로 제공될 수 있으려면 대단한 역량이 필요합니다. 저희는 그런 역할을 잘 감당해보고 싶은 마음이 있습니다. 5년 정도는 투자해야 성과를 볼 수 있는 일이 아닌가 생각합니다. 내부적으로 먼저 다양한 명상 프로그램을 체험하고 국내외 전문가들의 도움을 받아서 서악마을과 어울리는 프로그램을 만들어 볼 생각입니다.

일과 쉼의 조화

양희송 휴식과 명상이 필요한데, 일을 완전히 끊어버리고 올 수 없는 경우도 있지 않습니까? 코로나 사태 이후로 재택근무나 다양한 업무 형태가 등장했는데, 이런 흐름과도 접목을 할 예정이신지요?

진병길 워케이션(Work+Vacation)이라고 하더군요. 업무를 하면서도 휴가를 즐기거나, 사무실을 떠나 휴양지에서 지내면서 일하는 시간은 일하고 나머지 시간은 현지에서 가능한 방법으로 즐기는 형태의 여행이라고 이해합니다. 서악마을은 일단 KTX 기차역에서

10여분, 버스 터미널에서는 차로 3분, 혹은 걸어서도 20분이면 바로 올 수 있다는 장점이 있습니다. 황리단길에서도 차로 5분이면 오고요. 숙박시설도 마을에 많이 있고요.

이미 경상북도와 연계해서 워케이션 프로그램을 운영 중입니다. 2박3일간, 혼자 오거나 가족들 같이 오는데, 공유 오피스는 시내의 시설을 사용하고 있습니다. 조만간 서악에 공유 오피스를 만들면, 시내까지 나가는 수고를 덜 수가 있겠지요. 편의점, 식당 등 부족한 편의시설만 좀 더 보강이 되면 서악마을 밖으로 나올 일이 없습니다.

오줌싸개 명소

양희송 서악마을의 설화와 연결해서 특별한 화장실을 만들어 보자는 이야기를 들었습니다. 구체적으로 어떤 이야기인가요?

진병길 서악의 여러 설화들 가운데 가장 널리 알려진 것이 아마 김유신의 두 여동생 보희와 문희의 꿈 이야기일 겁니다. 언니 보희가 꿈에 선도산에 올라 오줌을 누었더니 서라벌이 다 물바다가 되었다는 내용인데, 그 이야기를 듣고 동생 문희가 자기가 그 꿈을 사겠다고 하지요. 나중에 김유신이 김춘추와 축구를 하다가 김춘추의 옷고름이 떨어지자 이를 보희에게 꿰매게 하는데 보희가 민망하다며 이를 거절하자 동생 문희가 대신 김춘추의 옷을 고쳐주면서 그의 아이를 갖게 되었다는 것입니다. 나중에 여동생이 아이를 가졌다며 김유신이 노발대발하며 화형을 시킬 듯이 공개적으로 불을 놓아서 연기를 피웁니다. 멀리서 연기를 본 선덕여왕이 신하들에게 무슨 일인지 알아보라 시켰고, 김유신 장군이 이런 일을 벌이고 있다는 보고가 올라옵니다. 옆에 있던 김춘추가 사건의 내용을 듣고 몸 둘 바를 몰라하자, 이를 본 선덕여왕이 문희를 아내로 맞아들이라고 해서 혼사가 이뤄졌다는 이야기입니다. 가야 출신의 김유신 집안이 신라의 진골 집안과 혼사로 이어지게 되고, 훗날 김춘추가 태종무열왕이 되면서 김유신 가문은 신라 왕족으로 편입이 되는 큰 계획이 이렇게 이루어졌다는 거지요. 가야계와 신라 진골의 유력 집안이 결속하면서 훗날 신라가 삼국통일을 이루어가는 데에 매우 중요한 세력기반이 만들어지게 됩니다.

저희는 일차로 무열왕릉 옆에 방치되어 있던 저수지를 재정비하고 연꽃을 심어 보희연못이라 이름 붙여 재탄생 시켰습니다. 그 옆의 삼층석탑 주변에는 잡초를 제거하고 구절초를 심어 공원을 조성하고, 문희공원이라고 이름을 붙였습니다. 이곳을 찾는 사람들이 자연스럽게 보희와 문희의 이야기를 되새길 수 있도록 했지요. 이어서 하려는 일이 무열왕릉 앞 공용화장실을 '만사형통 화장실'로 만드는 것입니다.

양희송 벨기에의 오줌싸개 동상이 국제적 명소가 되어 있는 것이

연상되네요. 기발한 발상 같습니다. 아이들이 '똥' 이야기, '방귀' 이야기에 얼마나 잘 웃는데, 아이들도 재미있어 할 것 같고, 어른들도 어른들 대로 재미있어 할 것 같네요. 생리현상은 국제 공통의 유머 코드이고, 누구나 무장해제 시킬 수 있는 아이템이기도 하니까요.

진병길 화장실 내외부에는 보희 설화를 주제로 한 그림이나 조각, 혹은 영상물을 넣고, 화장실은 독특하게 만들면 좋을 것 같습니다. 여기 와서 오줌을 누고 가면 만사형통 한다는 컨셉인 거지요. 김유신과 여동생이 오줌 누는 꿈을 통해 소원을 이루었다는 것과 연결해서, 이 곳을 찾는 사람들마다 화장실에 들러 시원하게 배설하고 자신의 소원을 성취하시라는 뜻입니다. 이미 경주를 다녀가는 정치인들, 사업가들은 다 한 번씩 이곳을 들렀습니다. (웃음) 저마다 이루고자 하는 소원이 있으니 웃으며 장난치듯 다녀가는 것이지만, 이런 이야기가 있으니 지나가는 길이면 굳이 한번 들러 볼 이유가 되지 않겠습니까?

양희송 언뜻 보면 화장실 가지고 너무 의미부여 한다고 생각할 수도 있겠는데요?

진병길 저희가 1994년 경주에서 '달빛기행'을 처음 시작해서 전국에 보급을 한 단체이고, 2007년 '추억의 수학여행'도 기획해서 지금까지 운영을 하고 있습니다. 처음에는 어색하거나, 유치하다는 생각이 들 수도 있는 아이디어가 여러 해 동안 잘 운영되면서 자리를 잡았고, 그 간단한 기획에 수십 수백 만명이 반응을 하는 것을 보고 놀랐습니다. 복을 받는다는 돌부처님은 한 번씩 쓰다듬고 지나가기만 해도 바위가 맨들맨들 해질 정도로 많은 사람들이 찾아옵니다. 우리 생활 주변의 모든 것이 이야기 거리가 될 수 있고, 사람들이 재미있게 무언가를 할 수 있는 거리를 제공해 줍니다. 어떻게 보면 김유신은 그렇게 김춘추와 혼인관계를 만들어서 장차 삼국통일의 주역으로 끈끈한 연대를 만들어낸 것 아니겠습니까? 유치하고 사소해 보이는 사건을 통해서 세상사가 어떻게 흘러갈 지 알 수가 없는 것입니다. 서악마을의 유명한 꿈 이야기를 그냥 한 번 듣고 지나치지 말고 명소 화장실에 한 번 들렀다 갈 수 있도록 해보면 훨씬 재미있지 않겠습니까? 아마 이것이 성공을 거두면, 선도산 아래 마을의 숙소 화장실도 영험하다고 소문나지 않을까요? 저마다 독특한 화장실을 컨셉으로 내세우게 될지도 알 수 없는 일이지요. 전통이라는 것이 늘 혁신과 만나야 하는데, 화장실로 풀어보지 못할 이유는 없는 거지요.

화랑과 선비가 되어

양희송 그동안 서악서원과 도봉서당을 활용한 고택 스테이 프로그램을 운영해 오셨는데, 이것은 어떻게 발전될 수 있을까요?

진병길 고택 활용은 단순히 숙소로만 사용하지 않고, 서악마을의 역사와 연계되면 더 의미가 있습니다. 신라문화원에서는 '신 화랑 통일 ROAD' 라는 화랑을 핵심 내용으로 하는 프로그램이 있습니다. 진흥왕이 화랑제도를 창설했고, 김유신, 김춘추 등이 다 화랑 출신이라서 서악마을은 직접적으로 연관이 됩니다. 현재는 삼국통일 스토리를 활용해서 화랑정신이 무엇인지 되새기고, 이를 바탕으로 각 단계별로 임무를 수행하는 게임 형태로 체험 프로그램을 만들어 놓았습니다. 참가자들은 화랑복을 입고, 마을의 문화유적을 탐방하고, 죽궁장에서 태껸을 배우고, 죽궁을 쏘고, 도봉서당에서 다도를 하고, 세속오계 탁본을 만들어 봅니다. 이런 프로그램에 미국 덴버대 학생들이 7년째 매년 20여명씩 찾아오고 있습니다. 2023년 7월에도 태권도 배우는 미국 여행객들이 40명가량 왔었고, 한국여기자협회에서도 22-23년 문화체험으로 참여했었습니다. 하나은행에서도 3번에 걸쳐, 430명, 850명, 900명 규모로 임원 사모, 지점장, 직원 연수 등을 다양하게 진행한 바 있습니다.

양희송 경주는 화랑으로 유명하지만 정작 찾아보면 화랑에 대한 연구가 아직 충분히 이루어진 것 같지 않습니다. 체험 프로그램은 나와있는데, 인문학적 연수 프로그램으로 발전시키거나 통일이나 외교 등의 주제로 연결될 수도 있어 보입니다. 해외에서도 '화랑'이란 주제는 매우 독특하게 느낄 것 같습니다.

진병길 경주시의 미래 10대 브랜드 중에 하나로 왕릉과 화랑이 들어가 있습니다. 여러가지 연고 면에서 서악마을이 경주에서 왕릉과 화랑이란 주제와 가장 긴밀하고 풍부하게 연결된다고 생각합니다. 김유신 장군은 뛰어난 전술가였습니다. 그를 통해 신라와 가야가 깊이 결합하게 되고, 삼국통일의 중심 축을 만들어내게 됩니다. 화랑과 김유신, 김춘추 등의 행적과 사상을 잘 연구해 보면 통일문제에 대한 깊은 통찰과 교훈을 얻을 수 있습니다. 경주 출신이신 법륜 스님도 통일을 주제로 모임을 하면서 여러 번 서악마을을 다녀가셨고, 신라의 역사적 교훈을 중요하게 강조하십니다. 앞으로도 통일이나 평화 등의 주제로 교육, 연수 프로그램이 서악마을에서 많이 이루어지도록 다양한 단체와 관계 기관과 연계해 볼 작정입니다.

양희송 경주 향교가 경상도에서 가장 규모가 크고, 서악서원은 조선말 서원 철폐령에서도 살아남은 전통 있는 곳인만큼 고택 체험이 단순한 숙박을 넘어서 그 위상에 걸맞는 좋은 체험 프로그램이 운영되면 좋겠습니다.

진병길 맞습니다. 서악마을은 신라의 유적만 아니라 조선시대의 유산인 서악서원과 도봉서당이 있어서 유교의 선비문화를 체험하기에도 좋습니다. 서악서원은 문중의 의뢰로 지난 10년간 저희가 좋은 프로그램을 많이 시도해 볼 수 있었습니다. 덕분에 서악마을 가꾸기의 단초가 제공되었다고 생각합니다. 이제는 위탁 계약이 종료되면서 자체적으로 방향을 모색하고 있는 것으로 알고 있습니다. 저희는 대신 도봉서당을 잘 활용해서 선비 복장으로 붓글씨 쓰기, 전통 다례, 국악 공연, 죽궁 체험 등을 하고 있습니다. 경주에서 이렇게 화랑문화와 선비문화를 동시에 체험도 하고, 느껴볼 수 있는 곳은 서악마을 뿐이지 않을까 싶습니다. 법흥왕의 금관가야 합병, 진흥왕의 영토 확장, 김춘추와 김유신의 리더로서 솔선수범한 모습 등 통일의 기틀을 마련한 교훈을 오늘날의 기업가들이나 지도자들이 배울 수 있는 최적의 공간입니다. 선도산을 오르거나, 고분군을 산책하면서 마을 전체의 분위기와 어우러진 전통 체험을 한다면 서악마을의 진면목을 깊이 경험할 수 있을 것입니다.

L'habillage du patrimoine culturel, c'est sa préservation.

L'habillage du patrimoine culturel

directeur du Centre culturel de Silla
et président de la Fédération des associations pour
l'exploitation valorisante du patrimoine culturel
national

JIN BYUNG GIL

Maison Interuniversitaire des Sciences de

기업과 공공을 위한 리더십 연마

양희송 마을 중심에 우사를 개조해서 강연장을 만들어 놓으셨던데, 교육과 연수 프로그램도 많이 운영이 되고 있나요?

진병길 강연장에서는 인문학 강좌가 꾸준히 열리고 있고, 연수팀이 오면 거기서 교육이 이루어집니다. 저희가 그간 기업과 공무원 연수를 하면서 주력한 내용은 두 가지 주제였습니다. 첫째는 신라의 통일과 리더십입니다. 신라는 삼국 중 가장 약체 국가였지만, 진흥왕, 선덕여왕, 무열왕 시기에 김유신 등과 더불어 리더들의 솔선수범과 통일의지로 삼국 통일을 이루었습니다. 이런 사례는 기업이나 공무원들에게 리더십의 중요성을 전달하는데 최적의 사례입니다. 어려운 여건 속에서도 대업을 이루는 집요한 노력의 비결도 궁금하지 않습니까?

둘째로 서악마을 가꾸기 사업의 지난 14년간 역사도 좋은 사례 교육이 됩니다. 신라문화원이 해온 유적지 주변 정비, 마을 가꾸기, 마을 공동체 활성화 등의 사업으로 현재의 서악마을이 이루어진 스토리를 통해 변화와 중요성과 혁신적 아이디어의 가치를 실감했다는 호평을 받고 있습니다. 과거의 이야기도 있고, 현재의 사례도 있으니 기업과 공무원들이 자신의 조직과 사회에 적용 가능한 부분을 찾아서 토론하며 고민하는 좋은 교육 기회가 됩니다.

　양희송 그동안 거쳐간 곳이 굉장히 많을 것 같은데, 대표적으로 꼽을 만한 곳이 어떤 곳이 있을까요?

　진병길 정말 많지요. 국토부, 하나금융그룹, 신한금융그룹, 한국여기자협회, 한국국제스토리텔링협회, 그외 주요 대기업 등에서 수십 명에서 수백 명 규모로 꾸준히 찾아오고 있습니다. 해외에서도 관심을 많이 가져주고 있는데, 미국의 덴버 대 등은 학생들을 보내오고 있고요, 2023년에는 프랑스의 스트라스부르 대 교수님 2분이 방문했었는데, 서악마을 사례가 매우 인상깊었던 모양입니다. 저에게 서악마을 사례로 문화재 보존과 활용에 대한 특강을 해달라고 요청해주었습니다. 2024년 2월에 프랑스에 가서 발표를 했는데, 과거에는 서양의 사례를 우리가 배워야 했다면, 이제는 한국의 사례를 서양에 전달하는 시대가 되었구나 실감을 했습니다. 앞으로도 이런 기회가 종종 있지 않을까 생각합니다. 기업이나 기관의 입장에서도 늘 관광지 호텔 등에서 연수를 하기 보다 마을에서 한다는 것이 차별성도 있고, 한번 방문해서 휴식과 교육을 다 해결할 수 있다는 장점이 있어서 좋은 반응을 얻고 있습니다.

완전히 새로운 마을 이야기

양희송 대담을 하다 보니 흥미로운 이야기가 참 많은데, 그간 서악마을을 찾는 분들에게는 전달할 통로가 마땅치 않았겠습니다.

진병길 이렇게 책을 만드는 이유도 그간의 역사와 과정을 정리해 놓아야 서악마을의 변모를 정확히 이해하고 앞으로의 전망도 같이 고민할 수 있기 때문입니다. 신라문화원은 2023년부터 서악마을 해설사 프로그램을 운영하고 있습니다. 이 프로그램은 경주시가 운영하는 문화관광해설사와는 별도로, 경주 시니어클럽 멤버들로 구성된 마을해설사들이 무료로 서악마을을 찾는 여행객들과 함께 걸으며 마을을 설명해주는 프로그램입니다. 기존의 문화관광해설사는 무열왕릉과 서악동 고분군을 중심으로 해설을 제공하지만, 마을해설사는 마을의 유적과 문화재, 마을의 전통과 생활상을 깊이 있게 알고 있어서 단순한 관광지 소개에 그치지 않고 마을의 역사와 문화, 변화 과정까지 종합적으로 들을 수 있습니다.

양희송 신라문화원 차원에서는 할 수 있는 역할을 다양하게 감당해오고 계시는군요. 앞으로 서악마을 관련해서 정책이나 제도적으로 개선되거나 변화가 필요한 것은 무엇이 있을까요?

진병길 저희가 마을해설사 프로그램을 운영해 보니까 한가지 애로점이 있는데요. 무열왕릉 입장료를 폐지하면 좋겠다는 것입니다. 현재 관광객들은 무열왕릉 입구에서 입장료를 내고 들어가서 태종무열왕릉과 그 뒤의 서악동 고분군까지 한바퀴 둘러보고 정문으로 나가게 됩니다. 왕릉 뒤편의 서악마을의 풍성한 자원과 단절이 되는 거지요. 만약 입장료를 폐지하고, 후문을 개방한다면, 정문으로 들어와 고분을 둘러본 관광객이 후문으로 나와서 보희연못을 거쳐 서악마을로 들어와 삼층석탑, 도봉서당, 선도산 고분군까지 둘러보는 한 시간 코스나, 서악동 마애여래삼존입상까지 다녀오는 세 시간 코스로 확장될 수가 있습니다. 또한 저희가 종종 개최하는 문화체험이나 구절초축제 등에도 바로 참여해 즐길 수가 있습니다. 이미 경주 시내의 대릉원도 입장료가 폐지되었고, 이로 인해 관광객 유입이 더 늘어난 것을 볼 수 있는데, 태종무열왕릉과 서악마을 전체를 이렇게 연계하면 반나절 혹은 한나절 코스가 만들어지는 것입니다. 아니면 최소한 후문에 CCTV를 설치해서 후문으로 들어오는 사람에게 정문으로 나올 때 입장권을 구매하도록 안내하거나, 무인 입장권 발매기라도 설치하면 여행자들의 동선이 대대적으로 바뀔 수 있습니다. 이런 정책적 변화가 절실하다고 생각합니다.

　　　　　　서악마을의 내일

서익마을의 내일

후기 :
천 개의 서악마을을 꿈꾸며

양희송 (작가, 해리하우스 대표)

처음 〈서악마을 이야기〉를 정리하는 원고 집필 요청을 받았을 때의 솔직한 마음은 반신반의였다. 관에서 주도한 사업이나 민간에 위탁해서 진행한 사업이 어느 정도 성과를 내고 마무리가 될 때쯤이면, 그 사업에 대한 보고서가 생산되는데, 기존의 관행에 따라 잘 처리하면 될 것을 내게 군이 부탁할 필요가 있을까 납득이 잘 되지 않았기 때문이다. 물론 신라문화원의 입장에서도 작가 선정에 있어 여러가지를 고려했겠으나, 글을 써야 하는 작가의 입장에서도 글을 쓸 동기부여가 충분히 되어야 할 텐데 내가 이 일에 적임자인가에 대해 스스로 답할 내용이 있어야 했다.

나는 정부가 주도해서 수 년간 전국적으로 진행된 도시재생 사업의 현장에서 잠시 일 해 본 바 있고, 전국의 감각 있는 여행가, 문화운동가, 로컬 크리에이터, 기자, 학자들과 수 년째 재미있는 만남을 가져오고 있다. 경주에 관해서는 초중고 시절을 지낸 고향이면서 다시 귀향해서는 지역연구 하듯 자료와 현장을 살피고 있는 중이다.

그 결과물로 두 권의 단행본을 내기도 했다. 이런 과정에서 관광 산업과 정책의 문제, 문화재 보존과 활용 사업의 현실을 보고 들으면서 생각이 많아지게 되었다. 관 주도 사업이 갖는 관료적 경향에는 비판적인 입장이고, 가시적 결과물을 만들어 내기 위해 벌이는 민간의 소모적이고 단편적 사업 기조는 늘 불편했다. 이런 현실에서 꼭 필요한 사업이 제대로 이루어지려면 일반 대중의 인식과 안목이 성숙해야 하는데, 과연 언제쯤 그런 날이 올까 반문해보는 일이 잦아졌다.

그러니, 어떤 단체가 수행한 사업을 자화자찬하듯 미화하는 보고서를 써보고 싶은 생각은 애초에 없었다. 서악마을에 대해서도 단편적인 정보와 어렴풋한 인상을 넘어선 선이해를 갖고 있지 않았다. 그런데, 진병길 원장과 인터뷰를 하고, 그의 안내로 서악마을을 꼼꼼히 돌아보고, 관련 자료를 챙겨 보면서 서악마을의 사례는 꽤 흥미로운 지점을 많이 갖고 있는 경우란 점을 발견하게 되면서 작업에 속도와 힘이 실리게 되었다.

내가 독자들에게 전달하고자 하는 대부분의 내용은 서악마을의 역사와 변화 과정을 다룬 본문에서 적절히 다루었다고 생각한다. 여기서는 원고 작업을 마치고 나서 인상 깊게 느낀 대목을 몇 가지 간략히 언급하고자 한다. 첫째, 서악마을의 작업은 시간의 검증을 통과한 결과물이라는 점이다. 이 모든 작업이 최소 14년에 걸친 대장정의 결과물이다. 아니 서악마을 가꾸기를 수행한 신라문화원은 올해 창립 30주년을 맞는 비영리단체인데, 그들의 전체 역사를 통해 갖춘 네트워크와 활동 역량이 서악마을 가꾸기의 고비고비에서 활용된 것까지 감안하면 최소 14년에서 최대 30년간 축적한 역량을 투입한 사업이다. 지금의 서악마을은 엄정한 시간의 검증을 통과했고, 그 목표한 바를 누구나 인정할 만큼 이루어 냈다. 우리 시대의 사업, 프로그램, 프로젝트가 날이 갈수록 수명과 사이클이 짧아지고 있는 현실에 서악마을처럼 십 수 년을 넘는 긴 호흡의 작업이 일구어 낸 성과를 찬찬히 살펴볼 수 있는 사례가 나타났다는 것은 매우 귀중한 경험이 아닐 수 없다. 일이 년 혹은 오 년이면 마을도 만들고, 도시도 재생된다는 식의 호흡 짧은 기획에서는 도저히 담아내지 못하는 묵직한 결과를 여기서 잘 새겨볼 수 있기를 바란다.

둘째, 서악마을의 변화를 주도한 비영리 민간단체의 인상적인 역할론을 주목할 필요가 있다. 이제는 어떤 분야든 시민사회-기업-관이 협력해야 제대로 된 지역 사업이 가능하다는 것이 상식이 되어 있지만, 실제로 현실에서 그런 모델이 잘 작동하는 경우를 만나기는 매우 어렵다. 경주 신라문화원의 30년 역사는 그런 면에서 매우 인상적이었다. 지역사회와 지자체 혹은 중앙정부 부처와 긴밀하게 연관해서 사업을 하고 있지만, 보조금에만 의존하는 방식이 아니라 기업이나 후원자들을 통한 기부와 모금을 직접 감당하고 인적 물적 자원을 직접 마련해서 활동한 이력은 이 단체의 신념 혹은 고집을 잘 보여주고 있다고 생각한다. 재정적으로나 인적 네트워크의 차원을 전적으로 관에 의존하지 않고 자생력을 발휘하는 비영리 민간 부문의 약진이 있지 않고서는 이상적인 거버넌스 구조는 불가능하다. 신라문화원은 그런 측면의 중요성을 온 몸으로 보여주는 한 사례라고 생각한다.

셋째, 서악마을을 가꾸어 나갈 때 가장 두드러진 전략이 '무언가를 더하는 방식'이 아니라, '무언가를 덜어내는 방식'이었다는 것은 가장 높이 평가하는 대목이다. 개인이든 단체든 이 유서 깊은 마을에 랜드마크 하나를 덩그러니 만들어 놓고 싶은 욕망이 집요하게 치솟아 올라올 법한데, 신라문화원이 14년간 수행한 작업은 문화유산을 돋보이게 하기 위해 계속 덜어내고, 낮추고, 치우고, 단순화하는 작업이었다. 관광지와 도시재생 사업들이 그때 그때의 유행을 따라 만들어낸 온갖 구조물과 어딜 가나 비슷한 구호와 그림과 상품들을 이곳에서는 만날 수 없어서 좋았다. 시설물은 필요 최소한으로 만들고 여행자들의 시선을 쾌적하고 여유롭게 연출하는데 최우선의 노력을 쏟기로 한 것은 트렌드나 관행에 쉽게 휩쓸리지 않을 만큼의 길고 먼 안목을 확보할 때 가능한 일이다. 서악마을에서 그런 결과물이 어떻게 문화유산과 경관과 마을이 어우러지는 모습으로 나타날 수 있는지 보게 되어서 너무나 만족스러웠다.

전체 자료 조사와 현장 답사를 거치면서 가장 크게 감명을 받은 부분은 이 모든 일이 약 14년에 걸친 대장정의 결과물이란 사실이다. 신라문화원은 진병길 원장이 설립한지 30년이 되는 비영리단체인데, 그 동안 경주 지역에서 상당히 많은 문화재 보존과 활용 사업을 감당해 온 것으로 안다. 그 중에 서악마을은 이례적으로 긴 시간 동안 상당한 인적 물적 자원을 투입해서 일구어 낸 대표적인 사업이라고 말할 수 있다. 오랜 기다림과 끈질긴 설득으로 이루어 낸 성공이다. 그리고 이런 경우는 정말 희귀하다. 더구나 공기업도 아니고 민간 영역에서 이 만한 시간을 수익성 따지지 않고 버텨내는 사례를 얼마나 찾아볼 수 있을 것인가? 나는 그가 종종 아무렇지도 않게, "경관을 가린 선도산 기슭의 대나무 숲을 베어내는데 7년이 걸렸다"는 이야기를 하거나, 미지정 문화재인 고분군 주변을 잠식하고 있는 아카시아 나무 군락을 문화재청을 설득해서 포크레인을 동원해서 파내고 정비한 이야기를 들으며, 한편으로는 무모한 일을 많이도 벌였고, 오랫동안 소신을 갖고 온갖 불리한 상황을 버텨왔겠구나 하는 사실을 실감했다.

진병길 원장이 반복적으로 언급하는 '활용이 보존이다'는 슬로건은 14년간 혹은 30년간 시간의 검증을 통과하면서 비로소 입증된 소신이다. 프로와 아마추어의 차이는 끝마무리에 있을 것이며, 흉내내기와 진짜배기의 차이는 투입하는 정성과 시간의 양에서 다를 것이다. 나는 서악마을에서 시도한 혁신사례들과 비슷한 시도들을 여기저기서 보아왔다. 비슷한데 대부분 실패한다. 서원이나 서당, 고택을 숙박시설로 활용하는 사례는 전혀 어려운 아이디어가 아니다. 그러나, 성공적으로 운영되는 경우는 매우 드물다. 단지 고택에서 한번 먹고 자보았다는 것 이상의 가치를 부여하지 못하면, 단회성 경험을 넘지 못하고, 체감효용은 시간에 비례해서 급락한다. 살아남았다는 것은 오래 버티며 시간의 검증을 통과했다는 말이고, 같은 공간이라도 밀도 있게 경험치를 채워 넣었거나 그 경험이 설득력 있게 확장되는 차원을 보여주었다는 말이다. 신라문화원은 그걸 하고 있고, 다른 곳에서는 그걸 하지 못한다는 차이가 있을 뿐이다.

물론 신라문화원이 그런 작업을 매번 아무 불평과 불만 없이, 자원을 빵빵하게 투입해서, 지정해준 범위 안에서 해온 것은 아니다. 늘 경계선을 흩트려 놓았다. 맡은 일을 고분고분 수동적으로 처리하지 않고, 조금씩 다르게 시도했고, 필요하다 생각되면 추가로 일을 만들어가며 판을 키웠다. 관의 입장에서는 불안해 보이고, 민간의 입장에서는 돈도 안 되는 일을 왜 저렇게 벌이나 싶어 무모하다 평가받기 딱 좋은 일이다. 그러면서 신라문화원은 문화재청과 밀고 당기며 전향적인 행정을 펴도록 설득을 했고, 경상북도와 경주시 등의 지자체의 지원을 끌어내느라 노심초사했으며, KT&G 같은 기업의 후원을 얻어 사업 범위를 넓혔다. 그렇게 해서 하나의 사업이 좋은 성과를 얻으면 참여한 모든 이들이 칭찬을 나눠 갖고, 정책이든 새로운 사업이든 조금씩 넓어지고 깊어지도록 이끄는 역할을 했다. 이것을 진병길 원장의 개인 역량 덕분이라고 간단히 치부하는 것은 너무 게으른 평가이겠다. 그 역시 정부나 기업의 지원이 원하는 대로 척척 이루어지는 것은 아니었고, 위기가 닥친 것도 한두번이 아니었지만, 그럴 때마다 예상 못한 도움의 손길이 등장하는 경험을 하면서 그간 이루어 온 일들이 사람의 뜻대로 되는 일은 아니었다고 인정을 한다. 그가 자주 쓰는 말, '지극정성과 공심으로 하면, 세상은 변한다'는 표현을 괜히 힘주어 발음하는 것이 아닌 이유다. 여전히 할 일이 많고, 앞날에 대한 구상이 넘치는 신라문화원과 진병길 원

장의 다음 시도도 기대가 되고, 새로운 방식으로 멋진 결과를 일구
어 내기를 성원해 본다.

신라문화원 30년의 발자취

신라문화원
30년의 발자취

신라문화원은 1993년에 민간문화단체로 불교문화와 문화재를 가꾸고 활용해 보존하고자 개원했다. 경주를 중심으로 경상북도 일원의 문화재를 상시적으로 관리하고, 문화재의 가치를 알리는 활동을 하고 있다. 신라문화원은 설립 이후 30년 동안 불교 대중화 사업, 문화재 활용을 통한 문화재 보존 사업, 지역 문화 발전, 관광 활성화, 문화재·문화·예술·관광분야 일자리 창출과 노인일자리 창출 등 다양한 분야에서 활발한 활동을 펼쳐 왔다. 신라문화원의 주요 성과는 다음과 같다.

신라달빛기행

신라달빛기행은 신라문화원이 개발한 대표적인 문화재 활용 관광상품이다. 1994년 9월부터 남산 칠불암에서 시작된 신라달빛기행은 경주의 풍부한 문화자원과 밤하늘의 달과 별빛을 결합하여 신라 천년의 문화를 생동감 있게 전달하고 있다. 신라달빛기행은 경주의 남산, 월성, 첨성대 등 다양한 문화재를 야간에 둘러보며 신라의 역사와 문화를 체험할 수 있는 기회를 제공한다. 프로그램은 크게 2부로 구성되어 있다. 1부는 문화해설사의 안내를 받으며 문화재를 둘러보는 시간이며, 2부는 백등을 들고 달과 별자리 관측, 전통 국악 공연, 강강술래, 탑돌이 등 다양한 체험 프로그램을 즐기는 시간이다. 신라달빛기행은 매년 5월부터 10월까지 운영되며, 매년 4,000여 명의 관광객이 참여하고 있다. 신라문화원은 2005년 달빛기행을 상표등록하였고, 2007년 창덕궁 달빛기행 등의 행사에도 협력했다. 신라달빛기행은 경상북도가 2003년, 경주시가 2006년에 행사를 지원하면서 자리를 잡아갔고, 현재 서울 창덕궁 달빛기행 등 전국 지자체 30여곳이 실시하고 있다. 신라달빛기행은 경주를 대표하는 문화관광 상품으로 자리 잡았으며, 2011년에는 한국관광의 별 관광프론티어 부문에 선정되어서 야간 감성 관광 프로그램의 효시를 열기도 했다.

(위) 2011년 제2회 "한국관광의 별" 선정사업에서
'달빛기행' 으로 문화체육관광부 장관상 수상

(우) 1993년 신라문화원 개원식 모습
불교계의 혜국 큰스님과 '영원한 신라인' 고청 윤경렬 선생을
고문으로 모시고 시작했다.

신라문화원은 2006년부터 동창회, 동문회 등의 정기모임을 대상으로 제2의 수학여행 프로그램인 추억의 경주 수학여행을 운영하고 있다. 이 프로그램은 1박 2일 일정으로 진행되며, 첫째 날에는 교복을 입고 불국사, 천마총, 첨성대 등 경주의 대표적인 문화재를 문화해설사의 안내를 받으며 둘러보는 등 신라의 역사와 문화를 배우고 사진도 찍으며 옛 추억을 되살리는 시간을 갖는다. 둘째 날에는 참가자들의 특성에 맞게 운영하며, 감은사, 문무대왕릉, 파도소리길, 양동 민속마을 등 다양한 관광지를 둘러볼 수 있다. 경상북도와 경주시의 지원으로 옛 교복을 마련하고, 각 학교와 모임에 따라 맞춤형 추억의 영상물과 다양한 소품들을 준비하여 현재의 프로그램을 완성했다. 현재는 남자 교복 200여 벌, 여자 교복 400여 벌, 교련복 100여 벌이 준비되어 있다. 매년 40여개 단체가 참여하는 추억의 경주 수학여행은 경주 관광산업의 대표적인 성공 사례로 손꼽히며 큰 인기를 끌고 있다. 참가자들은 즐겁고, 이들을 보는 다른 관광객들에게는 향수를 불러일으키며 파급효과를 내는 관광자원이 되고 있다.

문화재돌봄사업은 2009년 문화재보호기금법 제정을 계기로 2010년부터 시작된 프로젝트로, 문화재를 평소에 모니터링하고, 지속적으로 관리하여 안전하게 보호하며, 훼손 시 신속한 복구를 위해 시행되었다. 이 사업은 문화재 사전예방관리 시스템을 통해 문화재 훼손을 예방하고, 사후 보수 정비 예산을 절감하는 등 다양한 역할을 수행하고 있다. 2024년 현재 전국에는 25개의 사업단이 활동하며, 문화재 분야에서 전문 일자리를 창출하여 지역 경제 활성화에도 기여하고 있다.

(사)신라문화원의 경북남부문화재돌봄사업단은 2010년에 선정된 전국 5곳 중 하나로 사업을 시작했는데, 당시 경북, 전남, 강원 등 3곳은 예방관리를 위한 상시관리 사업이었고, 광주의 대동문화재단과 경주의 신라문화원 두 곳은 문화재 활용 사업을 중심으로 활동을 시작하였다. 2024년 현재에는 전국 25개 사업단 중 하나로 경북 8곳의 지자체와 협력하여 524개의 문화재를 예방적으로 관리하여, 보존과 활용하는 데 기여하고 있다. 경주 지역에서는 경주의 여러 유적들과 서악동 삼층석탑 주변의 정비, 서악동 고분군 주변의 정리, 선도산 고분군의 정비 등 서악마을의 문화재 정비 작업 중 많은 부분이 신라문화원의 문화재돌봄사업을 통해 진행되었다. 포항에서는 북송리 북천수 폭설로 인한 피해 복구 작업과 흥해향교의 지진 피해 복구 작업, 장기읍성의 정비 작업을 수행했다. 영덕에서는 모고재, 영해향교, 경수당종택의 정비 작업을 실시하였다. 이외에도

경산, 영천, 청도, 청송, 영덕, 울릉도 등 여러 지역에서도 문화재의 보존과 관리를 위한 작업을 수행하여 문화재청의 평가에서 여러 차례 우수 기관으로 문화재청장상을 받은 바 있다.

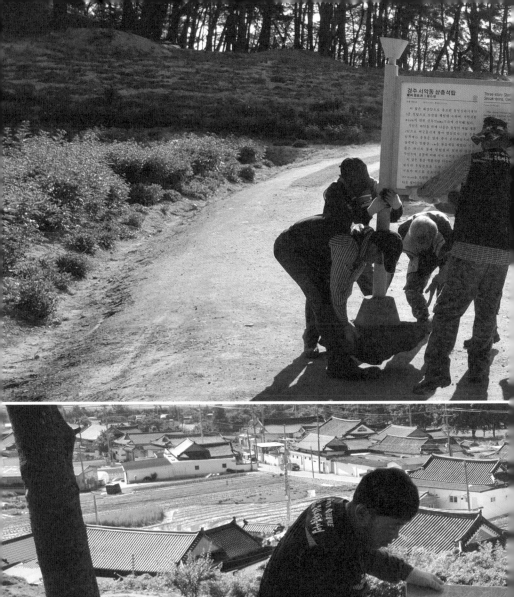

경주시니어클럽

경주시니어클럽은 신라문화원이 2002 년부터 보건복지부, 경상북도, 경주시의 지원을 받아 운영하는 노인 일자리 사업 전담기관으로, 다양한 노인 일자리를 창출하여 고령화 사회에 대비하고, 지역사회 어르신들의 사회참여를 지원하고 있다. 현재 경주 시니어클럽은 26 개 사업단을 운영하고 있으며, 2,000 여명의 어르신들과 직원 23 명이 활동하고 있다. 경주시니어클럽은 지금까지 2 만여 명의 일자리를 창출하여 경주시의 노인 일자리 창출에 크게 기여하였으며, 2005년과 2020 년에 보건복지부의 노인일자리 사업평가에서 시장형 부분 최우수상을 수상하기도 했다.

문화유산 활용사업

문화유산 활용사업이란 문화재청에서 주관하는 사업으로 과거 문화유산 보존 중심의 정책에서 문화유산 활용의 필요성이 제기되고 이에 발맞춰 10여년 이상 진행되고 있는 사업이다. 신라문화원은 사업 초창기인 2014년부터 현재까지 서악마을과 화랑을 테마로 한 생생 문화재 활용사업 "新화랑통일Road", 서악서원, 용산서원, 운곡서원 등에서 선비를 테마로 한 향교·서원 활용사업 "서원에서 배우는 21C문화 리더십", 유네스코의 세계 문화유산으로 지정된 한국의 서원 중 하나인 옥산서원에서 선비와 갓을 테마로 하는 세계유산활용사업 "의관 정제, 선비의 맛", 세계유산홍보사업 등 다양한

신라문화원 30년의 발자취

프로그램을 운영 중이다. 문화유산 활용사업의 첫 시작을 같이한 창단 멤버로서 맏형 역할을 톡톡히 하고 있으며 1994년 달빛기행 이후 지난 30년간 "문화유산 활용이 보존이다" 캐치프레이즈를 실천하고 노력하였으며 앞으로는 국가유산이라는 새로운 체제에서 문화유산 활용을 넘어선 국가유산의 산업화를 도모하고자 한다.

명예경찰소년단의
통일신라를 찾아 떠나는 역사가행
2019. 7. 15.   경주경찰서

사회적 기업

신라문화원은 그간의 사업을 통해 다양한 사회적 기업을 인큐베이팅 하고 운영하고 있다. 경주를 찾는 방문객들에게 신라문화 향유 기회를 확대하기 위해 신라문화체험장을 운영하였으며, 고택 관리 및 숙박을 위해 ㈜경주고택을 설립했고, 문화재 보존 활용 분야의 다양한 콘텐츠 개발과 일자리 창출을 위해 ㈜문화재보존활용센터를 설립했다. 최근에는 ㈜문화나눔이 전통 문화 콘텐츠를 개발, 운영하기 위해서 설립되었다.

주요 포상 내역

1996	한국JC특우회 제1회 자랑스런 시민상 (문화부문)
2002	제17회 불이상 대상 (실천분야)
2003	경상북도지사 표창 (민간부문)
2004	전국문화유산 자원봉사자대회 우수기관 수상 (문화재청장상)
2005	제9회 노인의날 보건복지부 장관상 (경주시니어클럽)
	제2회 대한민국 문화유산상 대통령상 (봉사, 활용부문)
2011	제2회 2011 한국관광의 별 (프론티어부문) 문화체육관광부장관상
2012	제2회 사회적기업의날 고용노동부 장관 표창 (고용노동부)
2014	생생문화재 및 향교, 서원 활용 우수사업 (문화재청장상)
	문화재 돌봄사업 종합평가 우수돌봄단체 (문화재청장상)
2015	문화유산방문교육 전국발표대회 (문화재청장상)
	문화재 돌봄사업 종합평가 우수돌봄단체 (문화재청장상)
2016	제13회 대한민국 문화유산상 대통령상 (봉사활동부문) – 진병길 원장 수상
	문화재 돌봄사업 종합평가 우수돌봄단체 (문화재청장상)
	포항 MBC 삼일문화대상 (대상)
2018	문화재 재난 안전 유공 표창 (문화재청장상)
2019	노인일자리및사회활동 지원사업 평가 최우수상 (보건복지부장관상)
	향교, 서원 문화재 활용사업 우수사업 선정 (문화재청장상)
2020	문화재돌봄사업 유공 단체 표창 (문화재청장상)
2022	국제문화재산업전 일자리 창출 우수단체 표창 (경주시장상)

부록②

서악마을 변천 모습

서악마을
변천 모습

2010년부터 전개된 서악마을의 변천사 중 본문에서 다루지 않은 몇 장면입니다.

① 서악동 삼층석탑

② 선도산 고분군 정비

③ 보희연못 정비

④ 마을 담장과 축대 정비

⑤ 지중화 작업

⑥ 서악 교육장

⑦ 서악 문화공간

⑧ 스테이 경주

⑨ 서악연가

⑩ 서악 25번가

①
서악동 삼층석탑

보물인 서악동 삼층석탑 주변은
높은 키의 대나무가 숲을 이루고 있었고,

서악마을 변천 모습

닭을 키우던 비닐하우스가 부서진 채 방치되어 있었다.

문화유산만 관리해서 될 일이 아니었다.

주변 환경을 정비하는 일이 급선무였다.

① 서악동 삼층석탑

①서악동 삼층석탑

수 년 간의 작업으로 삼층석탑 일대는
몰라볼 정도로 변화되었다.
10평의 문화재 공간이 100평, 1,000평으로
넓어지는 효과를 보았다.

②
선도산 고분군 정비

오랜 시간 동안 방치되었던
선도산 일대의 고분과 주변을 깔끔하게 정비하였다.

서악마을 변천 모습

잡목을 제거하고, 산책로를 만들고, 꽃을 심었다.

고분군 주변 잡목과 대나무를 제거하니
숨겨진 고분이 발견되었다.

서악마을 변천 모습

서악마을 변천 모습

서악마을 변천 모습

② 선도산 고분군 정비

봉분에 잔디를 식재하는 작업까지 마치자
마을에서는 선도산 고분군이
단정하게 정돈되어 보이게 되었고,
산기슭에서는 건너편 서악동 고분군까지
탁 트인 조망이 확보되었다.

③
보희연못 정비

서익마을 변천 모습

보희연못 주변의 쓰레기를 수거하고,
연못 안쪽에도 밀려온 퇴적물을 퍼내는데
많은 사람들이 동원되었고, 여러 날이 걸렸다.

그 결과는 놀라웠다.
아름다운 연꽃 연못이 되어
관광객들이 찾아와
사진을 찍는 명소가 되었다.

④
마을 담장과 축대 정비

마을의 여러 집 담장을 낮추거나, 새로 쌓았다.
주민들이 자기부담을 하면 외부의 지원을 매칭시켜주었다.

서악마을 변천 모습

마을 가꾸기에 호응해준 여러 주민들이
나서주었기에 가능한 일이었다.
그 결과로 보기 좋고, 살기 좋은 마을이 만들어졌다.

마을 담장 정비 ①

서악마을 변천 모습

마을 담장 정비 ②

① 담장 정비 전

② 담장 정비 중

서악마을 변천 모습

마을 담장 정비 ③

서악마을 변천 모습

④ 마을 담장과 축대 정비

마을 담장 정비 ④

① 담장 정비 전

② 담장 정비중

서악마을 변천 모습

마을 담장 정비 ⑤

서악마을 변천 모습

마을 담장 정비 ⑥

서익마을 변천 모습

④ 마을 담장과 축대 정비

서악마을 변천 모습

④ 마을 담장과 축대 정비
287

① 마을 언덕길 정비 전

② 마을 언덕길 정비중

서악마을 변천 모습

④ 마을 담장과 축대 정비

⑤
지중화 작업

마을의 하늘을 마구 가로 지르는 전선과 전봇대는
멋진 풍광을 훼손하곤 한다.
가능한 많이 지중화를 하고 싶었지만,
현재는 아주 일부 전기선과 케이블선을
가로지르거나 지중화 할 수 있었다.

서악마을 변천 모습

예산을 마련하고, 주민들의 동의와 협조를 얻어서
단계적으로 진행하고 있는 이 사업은
꾸준히 지속하는 것이 최대 관건이다.

도시가스 공사할 때를 맞추어
지중화 사업을 같이 진행할 수 있었다.

⑥
서악 교육장

마을 내부의 폐 우사들은 리모델링해서

교육장으로 요긴하게 사용하였다.

서악마을 변천 모습

초창기 문화재돌봄협회의 교육장으로 조성되어
기와, 목공 등의 훈련장으로 사용되었다.

여기서 배출된 인력들이 점점 늘어나서 지금은 자격증을 갖춘 유능한 인재로 문화유산 관리에 쓰임받고 있다.

⑦
서악 문화공간

폐 우사를 활용한 공간이 또 생겼다.

창고로 쓰려다가 강의장으로 만들었다.

서악마을 변천 모습

지금은 인문학강의, 단체 연수 등

교육공간으로 매우 요긴하게 활용되고 있다.

서악마을 변천 모습

⑦ 서악 문화공간

⑧
스테이 경주

사찰로 사용하던 집을 구해서,
초기에는 문화재돌봄사업의 거점이자
사회적기업 '경주고택'의 관리공간으로 조성했다가,
마을 중심부에 아담한 숙소로 재단장하게 되었다.

서악마을 변천 모습

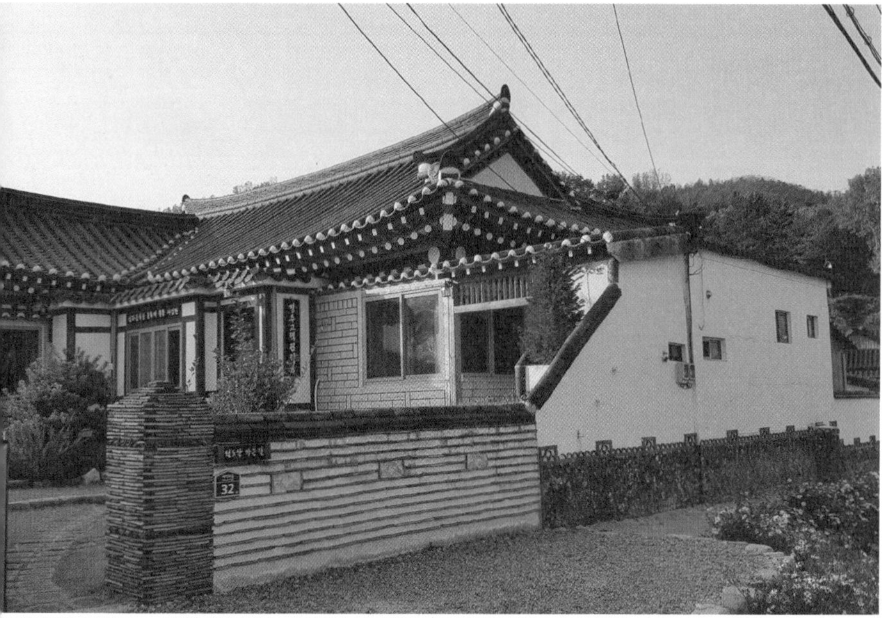

경주고택 관리동

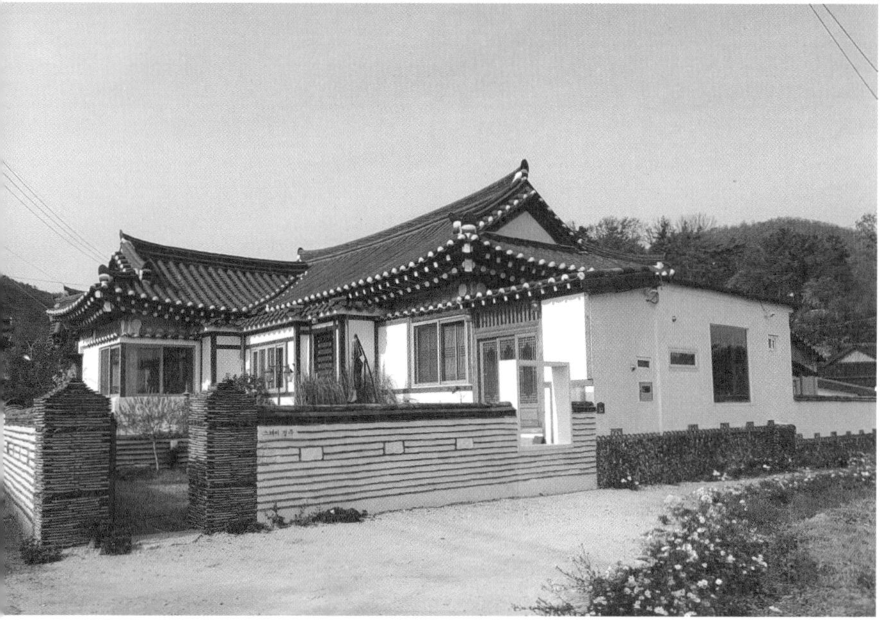

스테이 경주로 정비 후

낮은 담, 큰 창문, 낮에는 꽃밭이 보이고,
밤에는 달빛이 쏟아져 들어온다.

⑨
서악연가

서악마을에는 경주고택이 운영하는 공간이 몇 군데 있다.

마을의 품격을 높여보고자

전후좌우 풍광에 어울리는 숙소를 구상했다.

서악마을 변천 모습

서악마을 변천 모습

멋진 공간이 생기자 마을 주민들도
저마다 특색있는 공간을 하나씩 만들기 시작했다.
서악마을의 숙소들을 통합적으로 안내하는 공간도
하나 만들어지기를 꿈꾼다.

서악마을 변천 모습

⑩
서악 25번가

국보 25호인 태종무열왕릉 비석 바로 인근에

휴게소 공간을 임대해서 '서악 25번가' 로 이름을 붙이고

테이크아웃 커피숍 겸 편의점이자

신라복과 교복을 대여할 수 있는 공간으로 변신시켰다.

서악마을 변천 모습

서악마을 변천 모습

서악마을 변천 모습

서악마을 이야기
문화유산, 활용이 보존이다

초판 1쇄 발행 2024년 3월 18일

기획 신라문화원
지은이 양희송
보조 작가 문수인, 박상육
대담 진병길
편집, 교정 교열 양희송
사진 오세윤, 진병길, 김형균
디자인 박채원

편집문의
사단법인 신라문화원
경상북도 경주시 태종로 727번길 3 (2층)
www.silla.or.kr
silla@silla.or.kr
(054)777-1950

펴낸곳
뭉클스토리
www.moonclestory.com

ISBN 979-11-88969-69-2